सशक्त विचार

MAHILAON KI AATMAKHOJ AUR SHAKTI KI YATRA

डॉ. मीनाक्षी बंसल

Made with ♥ on the Notion Press Platform
www.notionpress.com

|| समस्त संसार के ज्ञान-प्रेमियों को समर्पित ||

जो सत्य की खोज में, ज्ञान की राह पर अग्रसर हैं।
जिनकी जिज्ञासा कभी थमती नहीं, और जिनका उद्देश्य केवल आत्मविकास ही नहीं, बल्कि संसार के कल्याण का भी है—यह कृति उन सभी साधकों को सादर अर्पित है।

क्रम-सूची

क्रम-सूची

प्रार्थना

ॐ भद्रं कर्णेभिः शृणुयाम देवाः।
भद्रं पश्येमाक्षभिर्यजत्राः।
स्थिरैरंगैस्तुष्टुवांसस्तनूभिः।
व्यशेम देवहितं यदायुः।
स्वस्ति न इंद्रो वृद्धश्रवाः।
स्वस्ति नः पूषा विश्ववेदाः।
स्वस्ति नस्ताक्ष्यों अरिष्टनेमिः।
स्वस्ति नो बृहस्पतिर्दधातु।
ॐ शांतिः शांतिः शांतिः।

यह मंत्र सार्वभौमिक कल्याण के लिए प्रार्थना है। इसमें विभिन्न देवताओं से सुरक्षा, स्वास्थ्य और सुख के लिए आशीर्वाद की याचना की गई है। यह मंत्र सभी इंद्रियों से शुभ का अनुभव करने और दिव्य उद्देश्य के साथ जीवन जीने के महत्व को रेखांकित करता है।

इंद्र, पूषा, ताक्ष्र्य (गरुड़) और बृहस्पति की कृपा से यह प्रार्थना जीवन में कल्याण और शांति की कामना करती है। अंत में "ॐ शांतिः शांतिः शांतिः" तीन बार दोहराने का अर्थ है - व्यक्तिगत, पर्यावरणीय, और वैश्विक स्तर पर शांति की गहन कामना। यह मंत्र शांति, समृद्धि और सभी प्राणियों के शारीरिक एवं आध्यात्मिक कल्याण के लिए पाठ किया जाता है।

लेखिका के बारे में

डॉ. मीनाक्षी बंसल, जो भारत की राजधानी दिल्ली में जन्मीं, ने अपनी ज़िंदगी कला, शिक्षा, और समाज कल्याण के प्रति गहरी प्रतिबद्धता के साथ बिताई है। विवाह के बाद, उन्होंने अहमदाबाद, गुजरात को अपना नया निवास स्थान बनाया, जहाँ वे प्रेरणा का स्रोत बनकर उभरीं। डॉ. मीनाक्षी न केवल ललित कला की कुशल कलाकार हैं, बल्कि एक प्रतिष्ठित लेखिका, समर्पित समाजसेविका और मनोविज्ञान की विद्वान शोधकर्ता भी हैं। उनका जीवन, विशेष रूप से समाज के वंचित और पिछड़े बच्चों के उत्थान के प्रति समर्पण, सहभागिता और सहानुभूति की शक्ति में उनके गहरे विश्वास का परिचायक है।

अपने प्रारंभिक दिनों से ही मीनाक्षी ने पढ़ने के प्रति एक अदम्य लगन दिखाई। उनके साहित्यिक संसार में नैतिक कहानियाँ, प्रेरणादायक कथाएँ, और जीवन पाठों से परिपूर्ण पौराणिक गाथाएँ शामिल थीं। यह पढ़ने की आदत केवल व्यक्तिगत विकास के लिए नहीं थी, बल्कि छात्रों और सहकर्मियों के विकास के लिए इन कहानियों के सार को साझा करने की इच्छा से प्रेरित थी। वे विशेष रूप से आदि शंकराचार्य, स्वामी विवेकानंद, डॉ. एपीजे अब्दुल कलाम, महामना पंडित मदन मोहन मालवीय, महात्मा गांधी, सरदार वल्लभभाई पटेल, और विनोबा भावे जैसे ऐतिहासिक और आध्यात्मिक नेताओं के जीवन और शिक्षाओं से प्रभावित थीं। उनके विचार और जीवन कथाएँ मीनाक्षी को दृढ़ता, निःस्वार्थता और ज्ञान की खोज के आदर्शों को अपनाने के लिए प्रेरित करती रहीं।

डॉ. मीनाक्षी का मनोविज्ञान में शैक्षणिक और व्यावहारिक योगदान भी उल्लेखनीय है। एक शोधकर्ता के रूप में, उनका ध्यान मानव मन की जटिलता को समझने और मनोवैज्ञानिक कल्याण और सामाजिक समरसता के लिए संभावनाओं को उजागर करने पर केंद्रित रहा है। उनके सामाजिक कार्यों में, वे अपने अकादमिक ज्ञान को समाज के वंचित वर्गों के जीवन में वास्तविक परिवर्तन लाने के लिए उपयोग करती हैं। उनका समाज सेवा का दृष्टिकोण पारंपरिक ज्ञान और आधुनिक मनोवैज्ञानिक पद्धतियों का अनूठा संयोजन है, जो समाज के बहुआयामी मुद्दों का समाधान करता है।

उनकी कलात्मक प्रतिभाएँ, जो उनके विविध कौशल का एक और पहलू हैं, केवल व्यक्तिगत रुचि तक सीमित नहीं हैं। उनकी कला प्रतीकात्मकता और भावनात्मक गहराई से भरपूर होती है, जो उनके दार्शनिक विचारों और सामाजिक चिंताओं को व्यक्त करती है। उनकी रचनाएँ दर्शकों को उनके बुद्धिमत्ता और करुणा की गहराई में झांकने का अवसर प्रदान करती हैं।

कला और समाज विज्ञान के अतिरिक्त, डॉ. मीनाक्षी ने प्राणिक हीलिंग की उपचार कला में भी महारत हासिल की है, जिसे मास्टर चोआ कोक सुई ने विकसित किया था। यह पद्धति, जो शरीर और आभा को ठीक करने के लिए प्राण या जीवन ऊर्जा के उपयोग पर केंद्रित है, न केवल उनके लिए एक व्यक्तिगत खोज रही है, बल्कि दूसरों को उपचार प्रदान करने का एक माध्यम भी है। प्राणिक हीलिंग में उनकी दक्षता विभिन्न प्रकार के ध्यान सिखाने और अभ्यास के साथ पूरी होती है, जो व्यक्तियों और समुदायों में पुनरुत्थान, व्यक्तिगत विकास और समरसता के संवर्धन पर केंद्रित है।

डॉ. मीनाक्षी का जीवन केवल व्यक्तिगत उपलब्धियों की खोज नहीं है, बल्कि समाज के उत्थान और सशक्तिकरण के प्रति समर्पित एक यात्रा है। उनकी विविध रुचियाँ और प्रतिभाएँ—कला, साहित्य, मनोविज्ञान, और उपचार पद्धतियों को जोड़ती हुई—सेवा के एकमात्र पथ पर केंद्रित हैं। वे उन महान हस्तियों की भावना को आत्मसात करती हैं, जिन्होंने उन्हें प्रेरित किया, और अपने कार्यों और शिक्षाओं के माध्यम से उनकी विरासत को आगे बढ़ाती हैं। अपनी पुस्तकों, कला और सामाजिक पहलों के माध्यम से, वे नई पीढ़ी को आत्म-खोज, दृढ़ता और निःस्वार्थता की यात्रा पर चलने के लिए प्रेरित करती हैं।

समाज कल्याण के प्रति उनकी प्रतिबद्धता, विशेष रूप से वंचित बच्चों के उत्थान पर ध्यान केंद्रित करना, शिक्षा और व्यक्तिगत विकास की परिवर्तनकारी क्षमता की उनकी गहरी समझ को दर्शाती है। मनोविज्ञान, कलात्मक संवेदनशीलता और उपचार पद्धतियों के ज्ञान को जोड़कर, डॉ. बंसल ने एक समग्र दृष्टिकोण विकसित किया है जो न केवल तात्कालिक आवश्यकताओं बल्कि समुदायों की दीर्घकालिक भलाई को भी संबोधित करता है।

एक लेखिका के रूप में, डॉ. मीनाक्षी की रचनाएँ प्रेरणादायक अंतर्दृष्टियों,

व्यावहारिक ज्ञान और उनके विस्तृत अध्ययन और जीवन के अनुभवों से लिए गए चिंतनशील विचारों का मिश्रण प्रस्तुत करती हैं। उनकी पुस्तकें उन लोगों के लिए मार्गदर्शिका के रूप में कार्य करती हैं, जो जीवन की जटिलताओं को अनुग्रह, दृढ़ता और उद्देश्य के साथ नेविगेट करना चाहते हैं। अपनी कहानियों के माध्यम से, वे अपने पाठकों को अपने भीतर की गहराइयों का पता लगाने और समाज की सामूहिक भलाई में अर्थपूर्ण योगदान देने के लिए आमंत्रित करती हैं।

डॉ. मीनाक्षी बंसल में हमें एक अद्वितीय कलाकार, विद्वान, उपचारकर्ता और सामाजिक कार्यकर्ता का अद्भुत समन्वय मिलता है। उनका जीवन कार्य आशा का प्रतीक और दुनिया में बदलाव लाने की इच्छा रखने वाले व्यक्तियों के लिए प्रेरणा का स्रोत है। उनकी कहानी सहानुभूति और मानवता की भलाई के प्रति गहरी प्रतिबद्धता से प्रेरित व्यक्तिगत प्रयासों की शक्ति की एक प्रेरक याद दिलाती है। डॉ. मीनाक्षी की विरासत केवल उनके प्रयासों के ठोस परिणामों में नहीं है, बल्कि उस स्थायी जिज्ञासा, सहानुभूति और सेवा की भावना में है, जिसे वे प्रतिपादित करती हैं।

प्रस्तावना

आंतरिक शांति और स्पष्टता की यात्रा मानवता जितनी ही प्राचीन है। हमारे आधुनिक विश्व में, जहां निरंतर शोर और असंख्य विचलन मौजूद हैं, एक संतुलित अस्तित्व की आवश्यकता पहले से कहीं अधिक महत्वपूर्ण हो गई है। यह पुस्तक इसी आवश्यकता से उत्पन्न हुई है—एक मार्गदर्शिका, जो आपको ध्यान के शाश्वत अभ्यास के माध्यम से आधुनिक जीवन की जटिलताओं को समझने में मदद करती है।

यह पुस्तक केवल तकनीकों का संग्रह नहीं है; यह एक आमंत्रण है, आपको एक परिवर्तनीय यात्रा पर ले जाने के लिए, जहां आप एक शांत मन और अधिक संतोषजनक जीवन की ओर बढ़ सकते हैं। यह ध्यान को एक गहराई से व्यक्तिगत अभ्यास के रूप में पहचानती है, लेकिन साथ ही इसे एक सार्वभौमिक रूप से उपलब्ध साधन के रूप में प्रस्तुत करती है, जो हमें तनाव प्रबंधन, संबंधों को सुधारने और भावनात्मक स्वास्थ्य को बढ़ावा देने में मदद कर सकता है। इस पुस्तक का प्रत्येक अध्याय अगले पर आधारित है, जिससे यह एक व्यापक मार्गदर्शिका बनती है, जो आपके साथ विकसित होती है, चाहे आप ध्यान के क्षेत्र में नए हों या अपने अभ्यास को गहरा करने वाले अनुभवी साधक।

इस पुस्तक का विचार मुझे एक ध्यान शिविर के दौरान आया, जो एक शांत अनुभव था और जिसने नियमित ध्यान के मेरे जीवन पर पड़े गहरे प्रभाव को उजागर किया। यह केवल सत्रों के दौरान होने वाले तात्कालिक प्रभाव नहीं थे, जो परिवर्तनकारी थे, बल्कि ध्यान के सिद्धांतों ने मेरे दैनिक कार्यों के हर पहलू में समृद्धि कैसे जोड़ी, यह भी उतना ही प्रभावशाली था। शिविर से लौटने के बाद, मैंने इस लाभ को दूसरों के साथ साझा करने का नवीनीकृत उद्देश्य पाया, ध्यान के अभ्यास को सरल बनाने और इसे व्यापक दर्शकों के लिए सुलभ बनाने का।

आगामी अध्यायों में, आपको ध्यान के बारे में विस्तार से समझाया गया है कि यह क्या है और क्या नहीं है—एक परिचय, जो सामान्य मिथकों को दूर करता है और इसके लाभों को समर्थन देने वाले वैज्ञानिक आधारों की रूपरेखा प्रस्तुत करता है। इसके बाद, हम आपके अभ्यास को स्थापित करने के लिए व्यावहारिक सलाह

पर चर्चा करते हैं, विभिन्न प्रकार के ध्यान पर बात करते हैं, और इन प्रथाओं को आपकी दैनिक दिनचर्या में शामिल करने के सुझाव देते हैं।

व्यक्तिगत विकास सामुदायिक संदर्भ में होता है, इस तथ्य को पहचानते हुए, यह पुस्तक यह भी जांच करती है कि ध्यान का संबंधों पर क्या प्रभाव पड़ता है और कैसे ध्यान संबंधी प्रथाओं को विभिन्न आयु समूहों और जीवन की अवस्थाओं के लिए अनुकूलित किया जा सकता है। यह स्वीकार करती है कि जीवन का एकमात्र स्थायी तत्व परिवर्तन है और आपके ध्यान अभ्यास को आपके जीवन के साथ अनुकूलित करने की रणनीतियां प्रदान करती है।

आधुनिक ध्यान अभ्यासों में प्रौद्योगिकी भी एक महत्वपूर्ण भूमिका निभाती है। यह पुस्तक डिजिटल उपकरणों का उपयोग करके आपके ध्यान मार्ग को समर्थन और बढ़ावा देने की जांच करती है, उपलब्ध सर्वोत्तम ऐप्स और ऑनलाइन संसाधनों की समीक्षाएं और अनुशंसाएं प्रदान करती है। साथ ही, यह इस बारे में भी चेतावनी देती है कि प्रौद्योगिकी को आपके अभ्यास पर हावी होने से कैसे रोका जाए, एक संतुलित दृष्टिकोण की वकालत करते हुए, जो ध्यान और व्यक्तिगत अंतर्दृष्टि पर केंद्रित रहता है।

इसके अलावा, यह पुस्तक ध्यान के साथ अक्सर आने वाली चुनौतियों पर चर्चा करने से नहीं हिचकती। यह बेचैनी, ध्यान विचलित होना, और समय की कमी जैसी सामान्य बाधाओं को दूर करने के लिए ईमानदार सलाह प्रदान करती है—चुनौतियां, जिनका सामना कई लोगों को ध्यान प्रथाओं में करना पड़ता है। यहां, आपको प्रेरणा बनाए रखने और अपने बदलते आवश्यकताओं और परिस्थितियों के अनुसार ध्यान अभ्यास को बनाए रखने की रणनीतियां मिलेंगी।

इस पुस्तक में, विभिन्न साधकों के व्यक्तिगत अनुभव कथाओं ने कथा को समृद्ध किया है, जिससे यह स्पष्ट होता है कि ध्यान ने उनके जीवन में कैसे सुधार किया। ये कहानियां न केवल प्रेरणा के रूप में कार्य करती हैं, बल्कि ध्यान के सार्वभौमिक आकर्षण और विभिन्न संस्कृतियों, जीवनशैलियों और व्यक्तिगत पृष्ठभूमियों में इसकी अनुकूलनशीलता को भी दर्शाती हैं।

जैसे-जैसे आप इन पृष्ठों को पलटते हैं, मैं आपको प्रत्येक अध्याय को खुले मन

और तैयार हृदय से देखने के लिए आमंत्रित करता हूं। इस पुस्तक को केवल एक पठन अभ्यास के रूप में नहीं, बल्कि एक व्यावहारिक मार्गदर्शिका के रूप में मानें, जिसे बार-बार उपयोग किया जा सके। प्रत्येक पठन नए अंतर्दृष्टि प्रदान कर सकता है और इस जीवन-सुधारक अभ्यास के प्रति आपकी प्रतिबद्धता को मजबूत कर सकता है।

अंत में, "ध्यान और मानसिक कल्याण: आंतरिक शांति और स्पष्टता का मार्ग" केवल एक पुस्तक नहीं है; यह एक साथी है, जो आपको एक अधिक शांतिपूर्ण और अंतर्दृष्टिपूर्ण जीवन की यात्रा में मदद करता है। मेरी आशा है कि इस पुस्तक के माध्यम से, आप ध्यान की तकनीकों के साथ-साथ एक सचेत अस्तित्व से आने वाली खुशी और गहरी शांति की खोज करेंगे। आइए, एक-एक सांस के साथ, अपनी आंतरिक शांति और स्पष्टता का मार्ग खोजें।

डॉ. मिनाक्षी बंसल
सामाजिक कार्यकर्ता
अहमदाबाद, गुजरात, भारत

1

ध्यान का परिचय

ध्यान, जो सभ्यता जितना ही प्राचीन है, ने मानव इतिहास की बुनावट में अपनी गहरी छाप छोड़ी है और विश्वभर की विभिन्न संस्कृतियों के ताने-बाने में अपनी जगह बनाई है।

इसके मूल में, ध्यान एक सचेत अभ्यास है जिसमें व्यक्ति अपने ध्यान को भटकाने वाले विचारों से हटाकर वर्तमान क्षण पर केंद्रित करता है, अक्सर इसके लिए सांस, किसी ध्वनि, या किसी विशेष वस्तु का सहारा लिया जाता है।
अपनी सरलता के बावजूद, ध्यान का मन और शरीर पर गहरा प्रभाव सदियों के अनुभवों और हाल ही में वैज्ञानिक शोधों द्वारा समर्थित है।

ध्यान की जड़ें प्रागैतिहासिक काल तक जाती हैं जब शमन अनुष्ठानों के दौरान ट्रांस अवस्था में प्रवेश करते थे।
हालांकि, यह प्राचीन भारतीय ग्रंथों वेदों में पहली बार एक संरचित रूप में प्रकट हुआ।

यह अभ्यास जीवन के विभिन्न पहलुओं में समाहित हो गया और जल्द ही भारत से परे फैल गया, एशिया से लेकर भूमध्यसागरीय क्षेत्रों तक की सांस्कृतिक विविधताओं के अनुसार अनुकूलित हो गया।

बौद्ध धर्म ने, शायद किसी अन्य धर्म से अधिक, ध्यान के अभ्यास को आकार देने में महत्वपूर्ण भूमिका निभाई।

सिद्धार्थ गौतम, जिन्हें बुद्ध के नाम से जाना जाता है, ने 6वीं शताब्दी ईसा पूर्व में ध्यान का उपयोग ज्ञान प्राप्ति के साधन के रूप में किया।

उनकी शिक्षाओं ने माइंडफुलनेस और एकाग्रता तकनीकों को रेखांकित किया, जो आज भी बौद्ध अभ्यासों का केंद्र बिंदु हैं।

जब बौद्ध धर्म चीन, जापान और थाईलैंड जैसे देशों में फैला, तो प्रत्येक संस्कृति ने अपनी स्थानीय परंपराओं के साथ ध्यान के अभ्यास में बदलाव किए, जिससे जापान में ज़ेन और थाईलैंड में विपश्यना जैसी विविध शैलियों का विकास हुआ।

इसी प्रकार, अन्य प्रमुख धर्मों ने भी ध्यान के रूपों को अपनाया।

ईसाई धर्म में, चिंतनशील प्रार्थना और मंत्रों के समान वाक्यों की पुनरावृत्ति ध्यान का एक रूप है जो ईश्वर से संपर्क पर केंद्रित है।

इस्लामी सूफी परंपरा में, जिक्र, जो ईश्वरीय वाक्यों का उच्चारण है, ध्यान का एक अभ्यास है जो ईश्वर को स्मरण और महिमा प्रदान करने के लिए किया जाता है।

यहां तक कि अमेरिका और अफ्रीका की स्वदेशी परंपराओं में भी, ध्यान जैसे अभ्यास प्रचलित थे, अक्सर लयबद्ध मंत्र और नृत्य के रूप में जो आध्यात्मिक अनुभवों और सामुदायिक बंधन को प्रेरित करने के लिए होते थे।

आधुनिक समय में, ध्यान ने आध्यात्मिक सीमाओं को पार कर स्वास्थ्य और कल्याण का साधन बनकर अपनी जगह बनाई है।

इसका श्रेय बड़े हिस्से में उन वैज्ञानिक शोधों को जाता है जो इसके लाभों को रेखांकित करते हैं।

अध्ययनों से पता चला है कि नियमित ध्यान तनाव को कम कर सकता है, चिंता को नियंत्रित कर सकता है, और रक्तचाप को घटा सकता है, जिससे यह विभिन्न शारीरिक और मनोवैज्ञानिक स्थितियों के प्रबंधन में एक उपयोगी उपकरण बन गया है।

माना जाता है कि ये लाभ ध्यान के मस्तिष्क पर प्रभाव के कारण होते हैं, जो कल्याण से जुड़े क्षेत्रों को बढ़ाता है और तनाव से जुड़े क्षेत्रों को कम करता है।

इसके अतिरिक्त, ध्यान गहन विश्राम और एक शांत मस्तिष्क को प्रोत्साहित करता है, जिससे बेहतर मूड, संज्ञानात्मक कार्यप्रणाली में सुधार और जीवन की समग्र गुणवत्ता में वृद्धि हो सकती है। कई लोगों के लिए, ये लाभ ध्यान को उनके दैनिक जीवन में शामिल करने के लिए पर्याप्त प्रेरणा प्रदान करते हैं।

इन व्यापक लाभों के बावजूद, ध्यान के बारे में गलत धारणाएं बनी हुई हैं। इसे अक्सर गलत तरीके से एक धार्मिक अभ्यास, मानसिक परिश्रम, या कुछ विशेष विशेषज्ञता की आवश्यकता वाली प्रक्रिया के रूप में देखा जाता है।
वास्तव में, ध्यान एक धर्मनिरपेक्ष, सुलभ अभ्यास है जो मन को खाली करने का प्रयास नहीं करता, बल्कि इसे समझने और बदलने का प्रयास करता है। यह सुपरह्यूमन एकाग्रता प्राप्त करने के बारे में नहीं है, बल्कि वर्तमान में रहने और अपने विचारों को बिना किसी निर्णय के देखने के बारे में है।

ध्यान के अभ्यास में कई तकनीकें शामिल हैं, जो विभिन्न व्यक्तित्व प्रकारों और जीवनशैलियों के लिए उपयुक्त होती हैं। कुछ के लिए, सांस पर ध्यान केंद्रित करना उनके अभ्यास के लिए आधार प्रदान करता है; दूसरों के लिए, एक मंत्र का दोहराव गहन चिंतन की अवस्था को सुगम बनाता है। तकनीकें व्यापक रूप से भिन्न होती हैं, माइंडफुलनेस से, जिसमें विचारों पर बिना उलझे ध्यान देना शामिल है, निर्देशित ध्यान जैसी अधिक संरचित प्रक्रियाओं तक, जो किसी की कल्पना या जागरूकता को निर्देशित करने के लिए मौखिक निर्देशों का उपयोग करती हैं।

ध्यान की सांस्कृतिक व्याख्याएं भी आधुनिक आवश्यकताओं के साथ मिश्रित होकर विकसित हो रही हैं। उदाहरण के लिए, पश्चिमी समाजों के तेज़-तर्रार माहौल में, ध्यान को समकालीन जीवन के विशिष्ट तनावों को संबोधित करने के लिए अनुकूलित किया गया है।
ऐप्स और ऑनलाइन पाठ्यक्रमों की बाढ़ आ गई है, जो उपयोगकर्ताओं को विश्राम के लिए ध्यान करने, बेहतर नींद लेने, या उत्पादकता बढ़ाने के लिए मार्गदर्शन प्रदान करते हैं। यह अनुकूलता ध्यान की स्थायी प्रासंगिकता को रेखांकित करती है, जो मानव स्थिति की चुनौतियों का एक कालातीत समाधान प्रदान करती है।

ध्यान एक गहन सरलता प्रदान करता है जो इसके परिवर्तनकारी शक्ति को

झुठलाती है। प्राचीन आध्यात्मिक अनुष्ठानों से लेकर आधुनिक स्वास्थ्य प्रथाओं तक, इसने लगातार गहन आत्म-जागरूकता और कल्याण के लिए एक साधन प्रदान किया है।

जैसा कि हम आधुनिक जीवन की जटिलताओं को नेविगेट करना जारी रखते हैं, ध्यान एक महत्वपूर्ण उपकरण बना रहता है, जो हमें रुकने, सांस लेने और वर्तमान क्षण के साथ तालमेल बिठाने के लिए आमंत्रित करता है। यह प्राचीन अभ्यास न केवल हमारे व्यक्तिगत जीवन को समृद्ध करता है, बल्कि उन संस्कृतियों की हमारी समझ को भी गहरा करता है जिन्होंने इसे आकार दिया है, हमारे साझा मानव विरासत और शांति और स्पष्टता की सार्वभौमिक खोज को उजागर करता है।

"ध्यान मन को शरीर की स्थिरता के माध्यम से साधने की कला है।

इन शांत क्षणों में, हम न केवल यह खोजते हैं कि हम कौन हैं, बल्कि यह भी कि हम कौन बन सकते हैं।
यह शोर से मौन की यात्रा है, अराजकता से शांति की ओर।"

2

ध्यान का विज्ञान

ध्यान, जो कभी केवल रहस्यवादी और भिक्षुओं तक सीमित था, आज एक सामान्य घरेलू अभ्यास बन गया है, जिसे मानसिक और शारीरिक स्वास्थ्य पर इसके गहरे लाभों के लिए पहचाना जाता है। इस व्यापक स्वीकृति का श्रेय दशकों के वैज्ञानिक अनुसंधान को जाता है, जिसने ध्यान के सकारात्मक प्रभावों का अध्ययन और मान्यता दी है। विभिन्न अध्ययनों के माध्यम से वैज्ञानिक यह समझने में सक्षम हुए हैं कि नियमित ध्यान न केवल तनाव और चिंता के लक्षणों को कम कर सकता है, बल्कि समग्र कल्याण में सुधार कर सकता है और कुछ संज्ञानात्मक कार्यों को भी बढ़ा सकता है।

ध्यान के वैज्ञानिक अन्वेषण की यात्रा 20वीं सदी के उत्तरार्ध में गंभीरता से शुरू हुई। शोधकर्ताओं ने उन अनुभवात्मक रिपोर्ट के बारे में उत्सुकता दिखाई, जिनमें ध्यान से तनाव कम होने और ध्यान बढ़ने का दावा किया गया था। इस क्षेत्र में शुरुआती अध्ययनों में से एक हार्वर्ड यूनिवर्सिटी के डॉ. हर्बर्ट बेंसन ने 1970 के दशक में किया। उन्होंने "रिलैक्सेशन रिस्पांस" नामक एक शारीरिक स्थिति की खोज की, जो तनाव के शारीरिक और भावनात्मक प्रतिक्रियाओं को बदल देती है। बेंसन के कार्य ने दिखाया कि ध्यान रक्तचाप, हृदय गति, और श्वंसन समस्याओं जैसे तनाव से जुड़े लक्षणों को कम कर सकता है।

आगे के शोधों ने इन निष्कर्षों को विस्तारित किया और माइंडफुलनेस ध्यान, ट्रान्सेंडेंटल ध्यान, और केंद्रित ध्यान जैसे विभिन्न प्रकार के ध्यान का अध्ययन किया। प्रत्येक शैली की अपनी अनूठी विधियां और लाभ हैं, लेकिन इनका

सामान्य लक्ष्य मन को शांत जागरूकता की स्थिति में लाना है।

ध्यान का मस्तिष्क पर प्रभाव वैज्ञानिक अनुसंधान का एक महत्वपूर्ण क्षेत्र रहा है। एमआरआई (मैग्नेटिक रेजोनेंस इमेजिंग) जैसे उपकरणों का उपयोग करने वाले तंत्रिका वैज्ञानिकों ने दिखाया है कि ध्यान मस्तिष्क की संरचना में परिवर्तन ला सकता है—जो पहले एक निश्चित उम्र के बाद असंभव माना जाता था। उदाहरण के लिए, मैसाचुसेट्स जनरल अस्पताल के शोधकर्ताओं द्वारा प्रकाशित एक अध्ययन में पाया गया कि आठ सप्ताह की माइंडफुलनेस-बेस्ड स्ट्रेस रिडक्शन (MBSR) से हिप्पोकैम्पस में कॉर्टिकल मोटाई में वृद्धि हुई, जो सीखने और स्मृति को नियंत्रित करता है, और मस्तिष्क के उन क्षेत्रों में भी जो भावना विनियमन और आत्म-संदर्भित प्रसंस्करण में भूमिका निभाते हैं।

मस्तिष्क संरचना में ये परिवर्तन कार्यक्षमता में सुधार से जुड़े हैं। उदाहरण के लिए, नियमित ध्यान करने वाले अक्सर बेहतर ध्यान और एकाग्रता की रिपोर्ट करते हैं, और ये रिपोर्ट शोध द्वारा समर्थित हैं। अध्ययनों में पाया गया है कि ध्यान मस्तिष्क की जानकारी को तेजी से संसाधित करने और कार्यों को बिना विचलित हुए प्रबंधित करने की क्षमता को बढ़ाता है। यह न केवल उम्र से संबंधित संज्ञानात्मक गिरावट के प्रभावों का मुकाबला करने के लिए एक उत्कृष्ट उपकरण है, बल्कि युवा व्यक्तियों के शैक्षणिक और व्यावसायिक प्रदर्शन में सुधार के लिए भी सहायक है।

ध्यान का मानसिक स्वास्थ्य पर प्रभाव भी समान रूप से गहरा है। कई अध्ययनों ने चिंता और अवसाद के लक्षणों को कम करने में इसकी प्रभावशीलता को प्रदर्शित किया है। ऐसा माना जाता है कि यह मस्तिष्क में "लड़ो या भागो" प्रणाली के विनियमन को सुधारने की ध्यान की क्षमता के कारण होता है, जिससे तनाव के प्रति प्रतिक्रियाएं कम प्रतिक्रियात्मक और अधिक नियंत्रित हो जाती हैं। दीर्घकालिक तनाव को कम करके, ध्यान चिंता और अवसाद के प्रभावों को कम करने में मदद करता है, पारंपरिक उपचारों के साथ एक पूरक उपकरण के रूप में कार्य करता है।

मानसिक स्वास्थ्य से परे, ध्यान के मूर्त शारीरिक लाभ भी पाए गए हैं। उदाहरण के लिए, यह रक्तचाप को कम करके हृदय स्वास्थ्य में सुधार करने के लिए

दिखाया गया है, जो हृदय रोग के लिए एक प्रमुख जोखिम कारक है। यह संभवतः तनाव हार्मोन को कम करने की इसकी क्षमता के कारण है, जो रक्त वाहिकाओं को संकुचित कर सकते हैं और हृदय गति को बढ़ा सकते हैं।

इसके अलावा, ध्यान को बेहतर प्रतिरक्षा प्रतिक्रिया से जोड़ा गया है। विस्कॉन्सिन, स्पेन, और फ्रांस के शोधकर्ताओं द्वारा किए गए एक अध्ययन ने फ्लू वैक्सीन प्राप्तकर्ताओं में उच्च एंटीबॉडी स्तर की सूचना दी जो ध्यान करते थे, यह सुझाव देते हुए कि नियमित ध्यान प्रतिरक्षा प्रणाली की बीमारियों से लड़ने की क्षमता को बढ़ा सकता है।

एक और महत्वपूर्ण अनुसंधान क्षेत्र यह रहा है कि ध्यान दर्द प्रबंधन में कैसे मदद कर सकता है। अध्ययनों से पता चला है कि ध्यान करने वाले व्यक्ति कम दर्द संवेदनशीलता की रिपोर्ट करते हैं, और मस्तिष्क इमेजिंग अध्ययन यह सुझाव देते हैं कि ध्यान मस्तिष्क में उन क्षेत्रों की गतिविधि को कम करके दर्द प्रबंधन में योगदान देता है जो दर्द संवेदनाओं को संसाधित करने के लिए जिम्मेदार हैं। यह सुझाव देता है कि ध्यान पुरानी दर्द प्रबंधन रणनीतियों में एक आवश्यक भूमिका निभा सकता है।

इस व्यापक वैज्ञानिक साक्ष्य को देखते हुए, यह स्पष्ट है कि ध्यान क्यों मुख्यधारा में एक मूल्यवान स्वास्थ्य उपकरण के रूप में स्वीकार किया गया है। यह मानसिक और शारीरिक स्वास्थ्य को महत्वपूर्ण रूप से बढ़ाने के लिए एक कम लागत, कम जोखिम का साधन प्रदान करता है, जो स्कूलों से लेकर कार्यस्थलों तक और नैदानिक वातावरण तक विभिन्न सेटिंग्स में लागू किया जा सकता है। जैसे-जैसे शोध इसके लाभों को गहराई से समझने में मदद करता है, ध्यान का उपयोग दैनिक स्वास्थ्य प्रथाओं में और अधिक एकीकृत होने की संभावना है, मानव स्वास्थ्य और जीवन की गुणवत्ता बढ़ाने के लिए इसके महत्व को रेखांकित करता है।

संक्षेप में, ध्यान के पीछे का विज्ञान एक ऐसी तकनीक को प्रकट करता है जो न केवल व्यक्तिगत कल्याण के लिए फायदेमंद है बल्कि शक्तिशाली रूप से परिवर्तनकारी भी है। इस अनुसंधान ने न केवल सदियों पुरानी बुद्धिमत्ता को मान्यता दी है बल्कि जटिल स्वास्थ्य समस्याओं को हल करने के लिए

माइंडफुलनेस और ध्यान के उपयोग के नए रास्ते भी खोले हैं।

जैसे-जैसे हम मन और शरीर पर इसके प्रभाव के गहरे पहलुओं का अन्वेषण करते हैं, ध्यान एक गवाही है कि प्रत्येक व्यक्ति के भीतर अपने ही सांसों की लय के साथ चुपचाप बैठकर महत्वपूर्ण परिवर्तन लाने की क्षमता है।

3

ध्यान की शुरुआत

ध्यान अभ्यास शुरू करना पहली बार में कठिन लग सकता है, खासकर यदि कोई इस प्रक्रिया से अपरिचित हो। हालांकि, ध्यान मूल रूप से एक सरल अभ्यास है जो किसी भी उम्र, जीवनशैली या पृष्ठभूमि के व्यक्ति के लिए सुलभ है। यहां हम शुरुआती लोगों के लिए व्यावहारिक सुझावों का पता लगाएंगे, जिसमें ध्यान के लिए एक स्थान तैयार करना और इसे दैनिक दिनचर्या में शामिल करना शामिल है।

ध्यान अभ्यास शुरू करने का पहला कदम यह समझना है कि ध्यान क्या है: एक समर्पित समय जब व्यक्ति भीतर की ओर ध्यान केंद्रित करता है और माइंडफुलनेस को विकसित करता है। इस अभ्यास के लिए किसी विशेष उपकरण या जटिल सेटअप की आवश्यकता नहीं होती, जिससे यह मानसिक और शारीरिक कल्याण को बढ़ाने के लिए एक सुलभ साधन बन जाता है।

ध्यान की शुरुआत

ध्यान के लिए एक उपयुक्त स्थान का चयन करना महत्वपूर्ण है क्योंकि यह आपके अभ्यास को विकसित करने में काफी प्रभाव डाल सकता है।
यह स्थान बड़ा नहीं होना चाहिए लेकिन कुछ हद तक अलग और शांत होना चाहिए, जहां रुकावटें न्यूनतम हों।
यह एक शयनकक्ष का कोना, एक होम ऑफिस, या यहां तक कि एक आरामदायक लिविंग रूम की कुर्सी हो सकती है।

मुख्य बात है नियमितता; एक ही स्थान का नियमित उपयोग करना मन को ध्यान की स्थिति में प्रवेश करने के लिए तैयार करने में मदद करता है।

स्थान को शांतिपूर्ण और आमंत्रित करने वाला होना चाहिए। कुछ लोग अपने ध्यान स्थान को ऐसे वस्तुओं से व्यक्तिगत बनाना पसंद करते हैं जो एक शांत वातावरण को बढ़ावा देते हैं, जैसे कि कुशन, योगा मैट, या मोमबत्तियां, अगरबत्ती, या अर्थपूर्ण प्रतीकों के साथ एक छोटा अल्टर। विचार यह है कि स्थान को आराम और आत्म-निरीक्षण के लिए अनुकूल बनाया जाए।

ध्यान की शुरुआत

शुरुआती लोगों के लिए सबसे बड़ी चुनौतियों में से एक दैनिक जीवन की भागदौड़ के बीच ध्यान के लिए समय निकालना है। ध्यान के लिए घंटों की प्रतिबद्धता की आवश्यकता नहीं होती; यहां तक कि हर दिन कुछ मिनट भी महत्वपूर्ण लाभ प्रदान कर सकते हैं। कई लोग पाते हैं कि हर दिन एक ही समय पर ध्यान करना एक नियमित दिनचर्या बनाता है जो उनके जीवन का नियमित हिस्सा बन जाता है। सुबह का ध्यान दिन की शुरुआत एक शांत, स्पष्ट मानसिकता के साथ कर सकता है, जबकि शाम के सत्र दिन की घटनाओं को आराम और प्रक्रिया करने में मदद कर सकते हैं।

ध्यान में नए लोगों के लिए, दिन में सिर्फ पांच मिनट से शुरू करना आदत बनाने का एक उत्कृष्ट तरीका है। यह sporadically लंबे सत्र करने की तुलना में हर दिन थोड़े समय के लिए ध्यान करना अधिक लाभकारी है। जैसे-जैसे अभ्यास में आराम बढ़ता है, धीरे-धीरे समय बढ़ाएं। समय पर ध्यान केंद्रित किए बिना रखने के लिए एक टाइमर एक उपयोगी उपकरण हो सकता है।

अभ्यास शुरू करना

स्थान स्थापित करने और समय निर्धारित करने के साथ, अगला कदम ध्यान शुरू करना है। अपनी चुनी हुई जगह पर आराम से बैठें। आप कुर्सी, कुशन, या मैट पर बैठ सकते हैं, यह सुनिश्चित करते हुए कि आपकी पीठ सीधी लेकिन तनावमुक्त हो। हाथ हल्के से घुटनों पर या गोद में रख सकते हैं। अपनी आँखें बंद कर लें या

उन्हें हल्के से खुला रखें और जमीन पर कुछ फीट की दूरी पर एक नरम ध्यान केंद्रित करें।

कुछ गहरी साँसों से शुरुआत करें, नाक से अंदर और मुँह से बाहर सांस लें। यह शरीर को आराम करने और ध्यान के लिए तैयार करने का संकेत देता है। इसके बाद, अपनी सांस लेने की सामान्य लय पर लौट आएं और सांस के प्राकृतिक प्रवाह पर ध्यान देना शुरू करें। सांस के दौरान नाक में हवा के प्रवेश और निकास, या छाती या पेट के उठने और गिरने की अनुभूति पर ध्यान दें।

जब आपका मन भटकता है, जैसा कि यह अनिवार्य रूप से करेगा, धीरे से विचारों को स्वीकार करें और फिर अपनी सांस पर ध्यान केंद्रित करें। ध्यान के दौरान ध्यान वापस सांस पर लाना माइंडफुलनेस ध्यान का मूल है और ध्यान केंद्रित करने की क्षमता का निर्माण करता है, जो ध्यान और दैनिक जीवन दोनों में लाभकारी है।

चुनौतियों से निपटना

ध्यान के दौरान बेचैनी, ऊब, या विचारों के प्रवाह जैसी चुनौतियों का सामना करना आम बात है। ये सामान्य अनुभव हैं और असफलता का संकेत नहीं हैं। ध्यान का अभ्यास मूल रूप से यह है कि जब भी आप महसूस करें कि आपका मन भटक गया है, तो अपना ध्यान वापस सांस पर लाएं। यह एक सत्र के दौरान कई बार हो सकता है, और यह पूरी तरह से सामान्य है।

जैसे-जैसे आप अभ्यास जारी रखेंगे, आप शायद उन अवधि को नोटिस करेंगे जब आपका मन शांत हो जाता है, और ध्यान अधिक स्वाभाविक और सहज महसूस होता है। हालांकि, प्रत्येक सत्र अलग महसूस हो सकता है, और प्रत्येक को खुले, गैर-निर्णयात्मक दृष्टिकोण के साथ देखना महत्वपूर्ण है।

अपने अभ्यास को विस्तार देना

एक बार जब सांस पर ध्यान केंद्रित करने का एक बुनियादी अभ्यास स्थापित हो जाए, तो आप ध्यान के अन्य प्रकारों का पता लगा सकते हैं, जैसे निर्देशित ध्यान, जो किताबों, ऐप्स, या ऑनलाइन में पाए जा सकते हैं। अन्य अभ्यासों में किसी

मंत्र (दोहराया जाने वाला शब्द या वाक्यांश) पर ध्यान केंद्रित करना, एक बॉडी स्कैन करना (शरीर के विभिन्न हिस्सों पर ध्यान देना), या प्रेमपूर्ण-कृपा ध्यान का अभ्यास करना (अपने और दूसरों के लिए प्रेम और कल्याण के विचार भेजना) शामिल हो सकता है।

ध्यान एक यात्रा है, कोई गंतव्य नहीं।

यह एक व्यक्तिगत और अनूठा अनुभव है जो समय के साथ विकसित हो सकता है, अपने स्वयं के मन और भावनाओं में गहरी अंतर्दृष्टि प्रदान करता है। सफल ध्यान अभ्यास की कुंजी नियमितता और धैर्य है। नियमित अभ्यास के साथ, ध्यान मानसिक संतुलन और समग्र कल्याण बनाए रखने का एक महत्वपूर्ण हिस्सा बन सकता है।

"माइंडफुलनेस शांत होने के बारे में नहीं है; यह जागरूक बनने के बारे में है। यह हमें हर पल को उसके खुलने के साथ जीना सिखाती है, वर्तमान की समृद्धि को पहचानने के लिए। ऐसा करते हुए, हम एक अधिक सोच-समझकर और विचारशील जीवन के लिए एक मार्ग बनाते हैं।"

4

ध्यान के प्रकार

ध्यान एक व्यापक शब्द है, जिसमें मानसिक स्पष्टता, भावनात्मक शांति और शारीरिक विश्राम को बढ़ावा देने के लिए विभिन्न तकनीकों और प्रथाओं को शामिल किया गया है। हजारों वर्षों में, दुनिया भर की विभिन्न संस्कृतियों ने अपने समाजों की आवश्यकताओं और मूल्यों के अनुरूप अद्वितीय ध्यान प्रथाओं का विकास किया है। आधुनिक समय में, यह विविधता व्यक्तियों को अपनी जीवनशैली और उद्देश्यों के अनुसार एक उपयुक्त रूप चुनने का एक समृद्ध विकल्प प्रदान करती है।

माइंडफुलनेस ध्यान

माइंडफुलनेस ध्यान बौद्ध शिक्षाओं से उत्पन्न हुआ है और यह पश्चिमी दुनिया में सबसे व्यापक रूप से अभ्यास किए जाने वाले ध्यान रूपों में से एक है। यह विचारों, ध्वनियों, सांस की अनुभूतियों, या शरीर के अंगों पर ध्यान केंद्रित करने और जब भी मन भटकता है, तो अपना ध्यान वापस लाने पर आधारित है। उद्देश्य विचारों में शामिल होना या उनका मूल्यांकन करना नहीं है, बल्कि केवल प्रत्येक मानसिक नोट को उसकी उपस्थिति में स्वीकार करना है।

यह अभ्यास बैठकर, खड़े होकर, या चलते हुए किया जा सकता है और अक्सर अन्य प्रकार के ध्यान का आधार होता है। माइंडफुलनेस को किसी भी समय और कहीं भी अभ्यास किया जा सकता है, चाहे आप बर्तन धो रहे हों, स्नान कर रहे हों, या काम पर जा रहे हों, जिससे यह अत्यंत सुलभ और व्यावहारिक बन जाता है।

माइंडफुलनेस ध्यान के लाभों में तनाव में कमी, एकाग्रता में सुधार, भावनात्मक लचीलापन बढ़ाना, और समग्र कल्याण को बढ़ावा देना शामिल है।

केंद्रित ध्यान ध्यान

केंद्रित ध्यान ध्यान एकाग्रता बढ़ाने में अत्यंत प्रभावी है। यह किसी एक बिंदु पर ध्यान केंद्रित करने पर आधारित है। यह सांसों का अनुसरण करना, एक शब्द या मंत्र को दोहराना, मोमबत्ती की लौ को देखना, दोहराव वाली ध्वनि को सुनना, या माला के मनकों को गिनना हो सकता है। क्योंकि मन को केंद्रित करना चुनौतीपूर्ण होता है, एक शुरुआती व्यक्ति कुछ मिनटों तक ध्यान कर सकता है और जैसे-जैसे ध्यान बनाए रखने की क्षमता बढ़ती है, अवधि को धीरे-धीरे बढ़ा सकता है।

इस प्रकार के ध्यान का उद्देश्य मन को स्वेच्छा से केंद्रित करने का अभ्यास करना है, बिना बाहरी या आंतरिक उत्तेजनाओं से विचलित हुए। नियमित अभ्यास ध्यान में सुधार करता है और हमारे सामान्य विचार प्रवाह को नियंत्रित करने में मदद करता है जो अक्सर हमारी जागृत चेतना को प्रभावित करता है। यह विशेष रूप से उन चिंताओं को कम करने में सहायक है, जो अक्सर भविष्य की घटनाओं के डर या अतीत पर विचार करने से उत्पन्न होती हैं।

प्रेमपूर्ण-कृपा ध्यान

मेटा ध्यान के रूप में भी जाना जाने वाला प्रेमपूर्ण-कृपा ध्यान दूसरों और स्वयं के प्रति शुभकामनाएं प्रेषित करने का अभ्यास है।
यह आमतौर पर सांसों पर ध्यान केंद्रित करने या किसी दृश्य कल्पना से सत्र शुरू करने, और फिर वाक्यांशों को चुपचाप दोहराने से होता है जो सद्भावना, दयालुता और करुणा व्यक्त करते हैं। सामान्य वाक्यांशों में "आप सुखी रहें," "आप स्वस्थ रहें," "आप सुरक्षित रहें," और "आप सहजता से जीवन व्यतीत करें" शामिल हैं।

स्वयं से शुरुआत करते हुए और धीरे-धीरे दोस्तों, परिचितों और सभी जीवित प्राणियों को शामिल करने वाले करुणा के चक्र को बढ़ाते हुए, यह अभ्यास हर चीज के प्रति प्रेम और दयालुता का दृष्टिकोण विकसित करता है, यहां तक कि व्यक्ति के शत्रुओं और तनाव के स्रोतों के प्रति भी। प्रेमपूर्ण-कृपा ध्यान सकारात्मकता,

सहानुभूति, और दूसरों के प्रति करुणामय व्यवहार को बढ़ाने से जुड़ा हुआ है।

ट्रान्सेंडेंटल ध्यान

ट्रान्सेंडेंटल ध्यान (टीएम) एक सरल, मौन ध्यान विधि है, जिसमें दिन में दो बार 20 मिनट के लिए आराम से बैठना और आंखें बंद करना शामिल है। यह एक मंत्र (एक विशिष्ट ध्वनि, शब्द, या वाक्यांश) के उपयोग में शामिल है, जिसे एक विशिष्ट तरीके से दोहराया जाता है और एक प्रमाणित प्रशिक्षक द्वारा सिखाया जाता है। इस अभ्यास का उद्देश्य मन को "शुद्ध चेतना" की स्थिति में स्थिर करना है, जहां साधक बिना किसी प्रयास या ध्यान केंद्रित करने की आवश्यकता के गहरे मानसिक मौन और गहन विश्राम का अनुभव करता है।

टीएम तनाव कम करने और समग्र स्वास्थ्य और संज्ञानात्मक कार्यों में सुधार के लिए जाना जाता है। इसकी सरलता और तथ्य कि इसके लिए किसी विशिष्ट विश्वास प्रणाली की आवश्यकता नहीं है, इसे सभी उम्र और पृष्ठभूमि के लोगों के बीच एक लोकप्रिय विकल्प बनाती है।

बॉडी स्कैन ध्यान

बॉडी स्कैन ध्यान शरीर के विभिन्न हिस्सों में प्रगतिशील क्रम में शारीरिक अनुभूतियों पर ध्यान केंद्रित करता है। पैर की उंगलियों से शुरू होकर ऊपर की ओर बढ़ते हुए, साधक अपने शरीर के प्रत्येक भाग में शारीरिक संवेदनाओं पर ध्यान केंद्रित करता है, किसी भी असुविधा, तनाव, या गर्मी को नोट करता है। यह ध्यान का रूप अक्सर माइंडफुलनेस-बेस्ड स्ट्रेस रिडक्शन (एमबीएसआर) कार्यक्रमों में उपयोग किया जाता है और शारीरिक शरीर के प्रति एक heightened awareness को बढ़ावा देने में मदद करता है।
यह सोने से पहले एक आरामदायक अभ्यास के रूप में भी काम कर सकता है।

योग और ध्यान

यद्यपि पारंपरिक अर्थों में एक ध्यान तकनीक नहीं है, योग नियंत्रित श्वास और आसनों के माध्यम से कई ध्यानपूर्ण अभ्यासों को शामिल करता है जो एकाग्रता और शरीर की जागरूकता को प्रोत्साहित करते हैं। योग अभ्यास व्यापक

रूप से भिन्न होते हैं, लेकिन अधिकांश का सामान्य लक्ष्य शरीर और मन को सामंजस्यपूर्ण बनाना है, दोनों को गहरे आध्यात्मिक अभ्यासों जैसे ध्यान के लिए तैयार करना।

ध्यान प्रथाओं की विविधता मानसिक स्पष्टता, भावनात्मक स्थिरता, शारीरिक विश्राम, या एक गहरे आध्यात्मिक संबंध की खोज करने वाले व्यक्तियों के लिए विभिन्न मार्ग प्रदान करती है। प्रत्येक तकनीक अद्वितीय लाभ प्रदान करती है और विभिन्न व्यक्तिगत प्राथमिकताओं और जीवनशैली आवश्यकताओं के अनुरूप हो सकती है। चाहे आप केंद्रित ध्यान की सरलता, प्रेमपूर्ण-कृपा के भावनात्मक संवर्धन, या ट्रान्सेंडेंटल ध्यान के संरचित दृष्टिकोण की ओर आकर्षित हों, ध्यान की एक शैली है जो आपके जीवन को समृद्ध कर सकती है और अधिक शांति और संतोष की ओर ले जा सकती है।

"मन के बगीचे में, विचार वे बीज हैं जो हम लगाते हैं। ध्यान हमें धैर्य और देखभाल को पोषित करने में मदद करता है, जिससे हम वहां फूल उगाते हैं जहां कभी खरपतवार हुआ करते थे। यह बगीचे को साफ करने के बारे में नहीं है, बल्कि उस चीज़ का पोषण करने के बारे में है जो हमारी सेवा करता है।"

5

दैनिक जीवन में माइंडफुलनेस

माइंडफुलनेस, जो प्राचीन ध्यान परंपराओं में निहित एक अभ्यास है, आज मानसिक स्पष्टता, भावनात्मक संतुलन, और समग्र कल्याण को बढ़ाने की अपनी क्षमता के लिए दुनिया भर में अपनाया जा रहा है। यह सरल लेकिन गहन अभ्यास उस क्षण में पूरी तरह से उपस्थित और व्यस्त होने में शामिल है, बिना किसी व्याकुलता या निर्णय के। दैनिक जीवन में माइंडफुलनेस को शामिल करना हमारे कार्यक्रम में अधिक गतिविधियाँ जोड़ने के बारे में नहीं है; बल्कि, यह हमारी दैनिक गतिविधियों के प्रति दृष्टिकोण बदलने के बारे में है।

दिन की माइंडफुल शुरुआत

माइंडफुल शुरुआत पूरे दिन के लिए स्वर सेट करती है। बिस्तर से कूदने से पहले, जागने पर कुछ मिनट बिस्तर में बिताएं, गहरी साँस लें और अपनी भावनाओं, विचारों और शारीरिक संवेदनाओं को स्वीकार करें। यह सरल अभ्यास आपके मन को केंद्रित करने और आने वाले दिन के लिए तैयार करने में मदद करता है। अपने दाँत ब्रश करते समय, स्नान करते समय, और नाश्ता करते समय, इन गतिविधियों में पूरी तरह से व्यस्त रहें। अपने भोजन के स्वाद, अपनी त्वचा पर पानी की अनुभूति, और टूथब्रश की बनावट को नोट करें। जागरूकता के ये क्षण नियमित कार्यों को शांतिपूर्ण अनुभवों की श्रृंखला में बदल सकते हैं, तनाव को कम कर सकते हैं और साधारण चीज़ों के प्रति सराहना बढ़ा सकते हैं।

माइंडफुल यात्रा

यात्रा तनाव और स्वचालित व्यवहार का स्रोत हो सकती है, लेकिन यह माइंडफुलनेस का अभ्यास करने का एक आदर्श अवसर भी प्रदान करती है। यदि आप गाड़ी चलाते हैं, तो स्टीयरिंग व्हील पर अपने हाथों की पकड़, अपने कंधों का तनाव, और अपने आस-पास के दृश्यों को नोट करें। यदि आप सार्वजनिक परिवहन का उपयोग करते हैं, तो अपनी सांस और अपने आसपास की ध्वनियों पर ध्यान दें। अपने फोन को स्क्रॉल करने के बजाय, अपने परिवेश के साथ उपस्थित रहने का प्रयास करें। यह यात्रा समय को एक ध्यानपूर्ण अभ्यास में बदल सकता है, जिससे आप अपने गंतव्य पर अधिक आराम और जागरूक होकर पहुँच सकते हैं।

कार्यस्थल पर माइंडफुलनेस

कार्यस्थल अक्सर तनाव और व्याकुलता का केंद्र होता है, जो इसे माइंडफुलनेस अभ्यास के लिए एक महत्वपूर्ण क्षेत्र बनाता है। हर सुबह अपने कार्यक्षेत्र को व्यवस्थित करने से शुरू करें, एक साफ और सुव्यवस्थित वातावरण बनाएं जो तनाव को कम करने में मदद कर सके। दिन भर में, गहरी सांस लेने का अभ्यास करने या बिना किसी निर्णय के अपने परिवेश का निरीक्षण करने के लिए छोटे-छोटे ब्रेक लें। बैठकों के दौरान, सक्रिय रूप से सुनें और पूरी तरह से वक्ता पर ध्यान केंद्रित करें, बजाय इसके कि आप आगे क्या कहेंगे इसकी योजना बनाएं। पूरी तरह से उपस्थित रहने से आपके प्रदर्शन को बढ़ावा मिल सकता है और सहकर्मियों के साथ आपके संबंधों में सुधार हो सकता है।

माइंडफुल भोजन

माइंडफुल भोजन का मतलब भोजन को अधिक गहराई से अनुभव करना और अपने शरीर की भूख और तृप्ति के संकेतों को पहचानना है। छोटी मात्रा में भोजन परोसना और टीवी या स्मार्टफोन जैसे विकर्षणों के बिना भोजन करना शुरू करें। हर कौर को धीरे-धीरे चबाएं, प्रत्येक कौर का स्वाद लेते हुए और अपने भोजन के बनावट और स्वाद पर ध्यान दें। यह अभ्यास पाचन में सुधार करने और आपके

शरीर की ज़रूरतों और संकेतों के प्रति अधिक संवेदनशील बनाकर अधिक खाने से रोकने में मदद कर सकता है।

रिश्तों में माइंडफुलनेस

अपनों के साथ उपस्थित होना माइंडफुलनेस के सबसे महत्वपूर्ण अनुप्रयोगों में से एक है। इसमें बातचीत के दौरान उन्हें अपना पूरा ध्यान देना शामिल है, जैसे कि इलेक्ट्रॉनिक उपकरणों जैसी व्याकुलताओं से मुक्त रहना। गहराई से सुनें, बिना यह सोचते हुए कि दूसरा व्यक्ति बोलते समय आप क्या जवाब देंगे। सगाई का यह स्तर आपके संबंधों को काफी हद तक बढ़ा सकता है, जिससे आपकी बातचीत अधिक सार्थक और संतोषजनक हो सकती है।

माइंडफुल अवकाश

यहाँ तक कि अवकाश गतिविधियों के दौरान भी, माइंडफुलनेस आनंद और विश्राम को बढ़ा सकती है। चाहे आप किताब पढ़ रहे हों, टहल रहे हों, या शौक में व्यस्त हों, इन गतिविधियों में पूरी तरह से खुद को डुबो दें। प्रत्येक क्रिया से जुड़ी विवरणों और संवेदनाओं को नोट करें। यह ध्यान न केवल आनंद को बढ़ाता है बल्कि गतिविधि के प्रति एक गहरा संबंध विकसित करने में भी मदद करता है।

दिन का माइंडफुलसमापन

जैसे आप दिन की माइंडफुल शुरुआत करते हैं, वैसे ही इसे mindful तरीके से समाप्त करना बेहतर नींद और बंद होने की भावना को बढ़ावा दे सकता है। सोने से पहले के अंतिम कुछ मिनट दिन की घटनाओं पर चिंतन करते हुए बिताएं, उनके बारे में अपनी भावनाओं को बिना किसी निर्णय के स्वीकार करें। दिन के सकारात्मक पहलुओं के लिए आभार व्यक्त करें और किसी भी निराशा या तनाव को छोड़ दें। एक सरल रात्रिकालीन ध्यान या हल्का योग भी मन को शांत करने और शरीर को नींद के लिए तैयार करने में मदद कर सकता है।

माइंडफुलनेस की चुनौतियाँ

अपनी सरलता के बावजूद, दैनिक जीवन में माइंडफुलनेस को शामिल करना

चुनौतीपूर्ण हो सकता है। विकर्षण, पुराने आदतें, और आधुनिक जीवन की गति आसानी से हमें उपस्थित होने से खींच सकती हैं। यह याद रखना सहायक है कि माइंडफुलनेस एक अभ्यास है, और किसी भी कौशल की तरह, यह निरंतरता और धैर्य के साथ बेहतर होती है। जब आप ध्यान दें कि आप विचलित हो गए हैं, तो आलोचना के बिना अपना ध्यान वर्तमान क्षण पर वापस लाएं।

दैनिक जीवन में माइंडफुलनेस को शामिल करना साधारण गतिविधियों को जागरूकता, विकास और संभावित आनंद के क्षणों में बदल देता है। माइंडफुलनेस का नियमित अभ्यास करके, आप मानसिक स्पष्टता और भावनात्मक संतुलन की स्थिति विकसित कर सकते हैं जो आपके जीवन के हर पहलू को बढ़ाता है, हर दिन को एक समृद्ध, अधिक जीवंत अनुभव बना देता है।

"ध्यान की ताकत इसकी सरलता में निहित है।
यह केवल उपस्थिति, केवल सांस लेने, केवल जागरूकता के लिए कहता है।
फिर भी, इन सरल कृत्यों में, हमें शांति की दुनिया और सहनशक्ति के भंडार
मिलते हैं।"

6

ध्यान में चुनौतियों को पार करना

ध्यान मानसिक स्पष्टता को बढ़ाने से लेकर गहरी मानसिक शांति तक कई लाभ प्रदान करता है। हालांकि, शुरुआती और अनुभवी साधकों दोनों को ऐसी चुनौतियों का सामना करना पड़ सकता है जो उन्हें अभ्यास जारी रखने से हतोत्साहित कर सकती हैं। सबसे सामान्य बाधाओं में बेचैनी, विचलन, और समय की कमी की भावना शामिल हैं।

बेचैनी से निपटना

ध्यान के दौरान बेचैनी एक सामान्य अनुभव है, विशेष रूप से उन शुरुआती लोगों के लिए जिनका मन लगातार सक्रिय रहने का अभ्यस्त है। जब आप शांति से बैठने की कोशिश करते हैं, तो आपको महसूस हो सकता है कि आपके पैर हिलने के लिए मचल रहे हैं, या आपका मन बिना रुके दौड़ रहा है। इसे पार करने का पहला कदम यह स्वीकार करना है कि बेचैनी एक स्वाभाविक प्रतिक्रिया है और यह आपकी असफलता नहीं है।

बेचैनी से निपटने के लिए, ध्यान शुरू करने से पहले कुछ शारीरिक गतिविधियों, जैसे एक छोटी सैर या हल्के स्ट्रेचिंग को शामिल करना मददगार हो सकता है। यह उस शारीरिक ऊर्जा को दूर करने में मदद करता है जो बेचैनी में योगदान देती है। इसके अलावा, ध्यान के दौरान, एक आरामदायक मुद्रा अपनाना महत्वपूर्ण है।

यदि लंबे समय तक बैठना कठिन है, तो ध्यान बेंच, कुशन, या यहां तक कि लेटने की स्थिति का उपयोग करें, बशर्ते वह नींद को प्रोत्साहित न करे।

एक और तकनीक यह है कि मन की बेचैनी को ध्यान का विषय बना लिया जाए। बेचैनी की भावना को बिना निर्णय या उलझने के देखें। खुद से पूछें कि शरीर में यह बेचैनी कहाँ महसूस हो रही है और इसके साथ जुड़े संवेदनाओं का वर्णन करें। यह आपकी जागरूकता और वर्तमान क्षण को स्वीकार करने की क्षमता बढ़ाकर बेचैनी की शक्ति को कम कर सकता है।

विचलनों का प्रबंधन

ध्यान में विचलन अपरिहार्य हैं, चाहे वे बाहरी स्रोतों जैसे शोर से आएं या आंतरिक स्रोतों जैसे भटकते विचारों से। विचलनों से निपटने की कुंजी उन्हें समाप्त करने की कोशिश करना नहीं है, बल्कि उनके प्रति अपनी प्रतिक्रिया को बेहतर बनाना है। जब आप किसी विचलन को नोटिस करते हैं, तो इसे स्वीकार करें और धीरे से अपना ध्यान अपने ध्यान के विषय पर वापस लाएं, चाहे वह आपकी सांस हो, कोई मंत्र हो, या कोई दृश्य।

एक अनुकूल वातावरण बनाना भी विचलनों को कम कर सकता है। एक शांत स्थान में ध्यान करने का प्रयास करें जहाँ रुकावटें कम हों। अपने घर के अन्य लोगों को अपने ध्यान के समय के बारे में सूचित करना सुनिश्चित कर सकता है कि आपको परेशान न किया जाए। इसके अलावा, शोर-रद्द करने वाले हेडफ़ोन या व्हाइट नॉइज़ मशीन का उपयोग बाहरी शोर को रोकने में मदद कर सकता है।

ध्यान के लिए समय निकालना

ध्यान में सबसे सामान्य बाधाओं में से एक यह महसूस करना है कि पर्याप्त समय नहीं है। फिर भी, ध्यान की लचीलापन यह है कि इसके लिए लंबी प्रतिबद्धता की आवश्यकता नहीं है। यहां तक कि पाँच मिनट भी फायदेमंद हो सकते हैं, और छोटी, लगातार सत्र अनियमित लंबे सत्रों से बेहतर हैं।

ध्यान को अपनी दैनिक दिनचर्या में शामिल करने के लिए, इसे ब्रश करने या सुबह की चाय-कॉफी पीने जैसी नियमित गतिविधि से जोड़ें। यह ध्यान को एक आदत

में बदलने में मदद कर सकता है। ध्यान के लिए एक विशिष्ट समय निर्धारित करना, जैसे दोपहर के भोजन के ब्रेक के दौरान या सोने से ठीक पहले, इसे आपके दैनिक जीवन का हिस्सा बनने में मदद कर सकता है।

जो लोग बेहद व्यस्त कार्यक्रम में हैं, उनके लिए दैनिक गतिविधियों में माइंडफुलनेस प्रथाओं को एकीकृत करना भी प्रभावी हो सकता है। इसमें खाने, चलने, या यहां तक कि बातचीत के दौरान पूरी तरह से उपस्थित और सतर्क रहना शामिल है। ये अभ्यास आपके दिन से अतिरिक्त समय की आवश्यकता नहीं रखते हैं, लेकिन फिर भी महत्वपूर्ण लाभ प्रदान कर सकते हैं।

अपूर्णता को स्वीकार करना

कई शुरुआती ध्यान को गहरी शांति और ज्ञान की अवस्था के रूप में आदर्श रूप में देखते हैं और जब उनका अनुभव इन अपेक्षाओं से मेल नहीं खाता तो निराश हो जाते हैं। यह समझना महत्वपूर्ण है कि ध्यान एक अभ्यास है, और सभी कौशलों की तरह, इसमें धैर्य और दृढ़ता की आवश्यकता होती है। मन का भटकना स्वाभाविक है, और हर बार ध्यान केंद्रित करना वास्तव में सफलता का क्षण है, असफलता नहीं।

ध्यान पूर्णता प्राप्त करने के बारे में नहीं है, बल्कि जागरूकता को बढ़ाने और स्वयं और अपने परिवेश की गहरी समझ को बढ़ावा देने के बारे में है। प्रत्येक सत्र एक अद्वितीय अनुभव प्रदान करता है, और चुनौतियाँ यात्रा का हिस्सा हैं, जो विकास के अवसर प्रदान करती हैं। बेचैनी, विचलन, और समय की बाधाओं से निपटने के लिए व्यावहारिक रणनीतियों को अपनाकर, आप एक निरंतर अभ्यास बनाए रख सकते हैं जो समय के साथ अधिक पुरस्कृत हो जाता है। चुनौतियों को सीखने की प्रक्रिया के हिस्से के रूप में अपनाने से, आप उन्हें मूल्यवान पाठों में बदल सकते हैं जो आपके ध्यान के अनुभव को समृद्ध करते हैं। जैसे-जैसे आप अभ्यास जारी रखेंगे, आप पाएंगे कि ध्यान कुछ सही करने के बारे में कम और वर्तमान क्षण में रहने के बारे में अधिक हो जाता है।

"ध्यान करना अपने भीतर के स्व से बातचीत करने जैसा है। यह एक संवाद है जहाँ शब्द मौन होते हैं, लेकिन अर्थ गहरे होते हैं। इस शांत स्थान में, हमें वे उत्तर मिलते हैं जिन्हें जीवन का शोर अक्सर धुंधला कर देता है।"

7

अपने अभ्यास को गहन बनाना

ध्यान के मार्ग पर चलने वाले कई लोगों के लिए शुरुआती चुनौतियाँ इसे नियमित आदत बनाने और बुनियादी विचलनों से निपटने के बारे में होती हैं। एक बार जब ये बाधाएँ पार हो जाती हैं और ध्यान के मूलभूत तत्व अच्छी तरह समझ में आ जाते हैं, तो अगला स्वाभाविक कदम अभ्यास को गहन बनाना है। ध्यान यात्रा के इस चरण का उद्देश्य अनुभव की गुणवत्ता को बढ़ाना, गहरी अंतर्दृष्टि प्राप्त करना और आध्यात्मिक और भावनात्मक विकास के नए स्तर तक पहुँचना है। यहाँ ध्यान अभ्यास को गहन बनाने के लिए कुछ तकनीकें और सुझाव दिए गए हैं।

अवधि बढ़ाना

अपने ध्यान अभ्यास को गहन बनाने के सबसे सरल तरीकों में से एक है अपने सत्रों की अवधि को धीरे-धीरे बढ़ाना। यदि आप दस मिनट तक ध्यान करने में सहज हैं, तो इस समय को पंद्रह या बीस मिनट तक बढ़ाने पर विचार करें। ध्यान का समय बढ़ाने से आपको गहन स्थिरता और मौन की स्थिति का अनुभव करने का मौका मिलता है, जहाँ गहरी अंतर्दृष्टि प्राप्त हो सकती है। जैसे-जैसे आप लंबे समय तक बैठते हैं, आप बार-बार उभरने वाले विचारों और पैटर्न को देखना और छोड़ना सीखते हैं, जो आपके मन को बेहतर ढंग से समझने में मदद करता है।

विभिन्न ध्यान तकनीकों का अन्वेषण

जबकि किसी एक प्रकार की ध्यान तकनीक में निरंतरता के अपने लाभ हैं, विभिन्न रूपों का अन्वेषण ध्यान और स्वयं को गहराई से समझने में मदद कर सकता है। यदि आप सांस पर ध्यान केंद्रित करने का अभ्यास कर रहे हैं, तो उदाहरण के लिए माइंडफुलनेस ध्यान को शामिल करने का प्रयास करें, जहाँ आप अपने विचारों को बिना लगाव के देखते हैं। वैकल्पिक रूप से, प्रेमपूर्ण-कृपा ध्यान का अभ्यास करें, जो करुणा और प्रेम की भावनाओं को विकसित करता है और आपके अभ्यास में एक समृद्ध भावनात्मक परत जोड़ सकता है।

कम परिचित ध्यान रूपों जैसे ज़ाज़ेन, विपश्यना, या ट्रान्सेंडेंटल मेडिटेशन का प्रयोग करना भी नई अंतर्दृष्टि प्रदान कर सकता है और आपके अभ्यास में नई ऊर्जा ला सकता है। प्रत्येक शैली के अपने अद्वितीय पहलू और लाभ होते हैं, जो आपको अलग-अलग तरीकों से चुनौती देते हैं और अक्सर व्यक्तिगत खोजों की ओर ले जाते हैं।

रिट्रीट्स में शामिल होना

ध्यान रिट्रीट में भाग लेना आपके अभ्यास को गहन बनाने का एक प्रभावी तरीका है। रिट्रीट ध्यान पर विशेष रूप से ध्यान केंद्रित करने का अवसर प्रदान करते हैं, जहाँ आप रोज़मर्रा के जीवन की व्यस्तताओं और जिम्मेदारियों से दूर रहते हैं। ये अक्सर अनुभवी प्रशिक्षकों के मार्गदर्शन में गहन ध्यान अभ्यास के कई दिनों तक चलते हैं, जो आपको रुकावटों को तोड़ने और नई अंतर्दृष्टि प्राप्त करने में मदद कर सकते हैं। रिट्रीट का immersive अनुभव ध्यान की गहरी समझ और सराहना को तेज़ी से बढ़ा सकता है।

समूह सत्रों में नियमित भागीदारी

हालाँकि ध्यान अक्सर अकेले किया जाता है, ध्यान समूह में शामिल होना आपके अभ्यास में एक मूल्यवान सामुदायिक तत्व जोड़ सकता है। दूसरों के साथ ध्यान करना न केवल प्रेरणादायक हो सकता है बल्कि समूह की साझा ऊर्जा और ध्यान से आपके अभ्यास को गहन भी बना सकता है। समूह सत्रों में नियमित भागीदारी

समान विचारधारा वाले व्यक्तियों के साथ जुड़ने का अवसर प्रदान करती है, जो समर्थन, अनुभव साझा करने और मार्गदर्शन देने में मदद कर सकते हैं।

अध्ययन के माध्यम से गहन समझ

अपने अभ्यास को अध्ययन के साथ पूरक करना आपकी समझ और प्रतिबद्धता को समृद्ध कर सकता है। ध्यान पर आधारित ग्रंथों को पढ़ना, चाहे वे समकालीन पुस्तकें हों या प्राचीन शास्त्र, दार्शनिक अंतर्दृष्टि और व्यावहारिक सलाह प्रदान कर सकते हैं जो आपके अभ्यास को बढ़ाते हैं। इसके अतिरिक्त, अनुभवी साधकों द्वारा दिए गए प्रवचन सुनने से आपको नए विचारों और दृष्टिकोणों से अवगत कराया जा सकता है, जो आपकी जानकारी को गहरा करते हैं और आपके अभ्यास को प्रेरित करते हैं।

दिन भर माइंडफुलनेस बनाए रखना

अपनी दैनिक गतिविधियों में माइंडफुलनेस को एकीकृत करना आपके ध्यान अभ्यास की गहराई को काफी बढ़ा सकता है। दिन भर—केवल औपचारिक ध्यान सत्रों के दौरान नहीं—माइंडफुलनेस का दृष्टिकोण बनाए रखकर, आप जागरूकता और उपस्थिति की एक निरंतर अवस्था विकसित करते हैं। यह निरंतर अभ्यास आपके मानसिक आदतों और पैटर्न को अधिक स्पष्ट रूप से देखने में मदद करता है और दैनिक तनावों और चुनौतियों के प्रति आपकी प्रतिक्रिया में गहन परिवर्तन लाता है।

अपने अनुभवों का जर्नल रखना

ध्यान जर्नल रखना आपके अभ्यास को गहन बनाने का एक सहायक उपकरण है। प्रत्येक सत्र के बाद, आपने क्या अनुभव किया, कौन से विचार उभरे, आपका शरीर कैसा महसूस कर रहा था, और कौन सी भावनाएँ उत्पन्न हुईं, यह लिखने के लिए कुछ क्षण निकालें। समय के साथ, अपने जर्नल की समीक्षा करने से आपकी प्रगति, पैटर्न, और आपके अभ्यास के subtle तरीके, जिनसे आपका जीवन प्रभावित हो रहा है, इन पर अंतर्दृष्टि प्राप्त हो सकती है। यह एक चिंतनशील उपकरण के रूप में भी काम कर सकता है, जिससे आप अपने मन और

भावनात्मक परिदृश्य के गहरे पहलुओं को समझ सकते हैं।

अपने ध्यान अभ्यास को गहन बनाना प्रत्येक व्यक्ति के लिए एक अनूठी यात्रा है, जिसमें व्यक्तिगत खोज और चुनौतियाँ भरी होती हैं। अपने अभ्यास समय को बढ़ाकर, विभिन्न ध्यान तकनीकों का अन्वेषण करके, रिट्रीट्स में भाग लेकर, समुदाय से जुड़कर, ध्यान दर्शन का अध्ययन करके, दैनिक जीवन में माइंडफुलनेस को शामिल करके, और अपने अनुभवों का जर्नल रखकर, आप एक समृद्ध, अधिक गहन ध्यान अभ्यास विकसित कर सकते हैं। ये कदम न केवल आपके सत्रों को बढ़ाते हैं बल्कि ध्यान के दौरान प्राप्त शांति और अंतर्दृष्टि को आपके जीवन के सभी पहलुओं में ले आते हैं, जिससे आपका अस्तित्व अधिक माइंडफुल, करुणामय, और चिंतनशील बनता है।

"ध्यान सक्रिय रूप से कुछ न करने और सहजता से छोड़ने की कोमल कला है। यह हमें सिखाता है कि सभी लड़ाइयाँ कर्म से नहीं जीती जातीं; कुछ समर्पण से जीती जाती हैं।

समर्पण में, हमें छोड़ने की शक्ति और आगे बढ़ने की स्पष्टता मिलती है।"

8

ध्यान और भावनात्मक संतुलन

भावनात्मक संतुलन एक पूर्ण और स्वस्थ जीवन के लिए आवश्यक है।

यह हमें जीवन के उतार-चढ़ाव को सहजता और धैर्य के साथ संभालने, और हमारे मानसिक स्वास्थ्य को बनाए रखने में सक्षम बनाता है। ध्यान को इस संतुलन को प्राप्त करने का एक शक्तिशाली उपकरण माना गया है, जो भावनाओं को प्रबंधित करने और भावनात्मक लचीलापन विकसित करने में मदद करता है।

भावनात्मक प्रतिक्रियाओं को समझना

भावनाएँ मानव अनुभव का एक मूलभूत हिस्सा हैं, लेकिन जब वे अत्यधिक हो जाती हैं या ठीक से प्रबंधित नहीं की जातीं, तो यह तनाव, चिंता और अवसाद का कारण बन सकती हैं। हमारी भावनात्मक प्रतिक्रियाएँ मस्तिष्क रसायन, व्यक्तिगत इतिहास, और वर्तमान वातावरण की जटिल परस्पर क्रियाओं से आकार लेती हैं। आमतौर पर, भावनात्मक प्रतिक्रियाएँ स्वतः होती हैं और हमारे तत्काल नियंत्रण में नहीं होतीं। हालांकि, ध्यान हमें अपनी भावनाओं को बिना उनमें फँसे देखने की शिक्षा देता है, जो उन्हें अधिक प्रभावी ढंग से प्रबंधित करने का एक महत्वपूर्ण कदम है।

भावनात्मक नियंत्रण में ध्यान की भूमिका

ध्यान कई तरीकों से भावनात्मक नियंत्रण में मदद करता है। पहला, यह हमारी "मेटाकॉग्निटिव जागरूकता" को बढ़ाता है, जो हमारे विचारों और भावनाओं को बिना उनसे जुड़ाव के देखने की हमारी क्षमता है। जब हम ध्यान करते हैं, तो हम अपने विचारों को आते और जाते हुए देखते हैं। यह हमें यह महसूस करने में मदद करता है कि भावनाएँ अस्थायी होती हैं और हमें परिभाषित नहीं करतीं।

समय के साथ, यह दृष्टिकोण हमें भावनात्मक स्थितियों में कम प्रतिक्रियाशील बनाता है, भावना को महसूस करने और उस पर कार्य करने के बीच एक जगह प्रदान करता है।

दूसरा, ध्यान हमारे मस्तिष्क के तनाव और भावनाओं के प्रति प्रतिक्रिया करने के तरीके को बदल सकता है। तंत्रिका वैज्ञानिक अनुसंधान ने दिखाया है कि नियमित ध्यान प्रीफ्रंटल कॉर्टेक्स जैसे मस्तिष्क के भावनात्मक नियंत्रण में शामिल क्षेत्रों में ग्रे मैटर की घनत्व को बढ़ाता है, जबकि अमिग्डाला की गतिविधि को कम करता है, जो भय और भावनात्मक प्रतिक्रियाओं के लिए जिम्मेदार है। ये परिवर्तन हमें अधिक शांतता और कम घबराहट के साथ तनावों का सामना करने में मदद करते हैं।

भावनात्मक उपचार के लिए ध्यान तकनीकें

भावनात्मक संतुलन को बढ़ावा देने में विशेष रूप से प्रभावी कई ध्यान तकनीकें हैं:

माइंडफुलनेस ध्यान: इसमें वर्तमान विचारों और भावनाओं को बिना किसी निर्णय के देखना शामिल है।

माइंडफुलनेस का अभ्यास करने से आप भावनात्मक ट्रिगर्स और आदतन प्रतिक्रियाओं को नोटिस कर सकते हैं, जो अन्यथा अनदेखे रह सकते हैं। समय के साथ, यह जागरूकता भावनात्मक पैटर्न की बेहतर समझ बनाती है और उन्हें प्रतिक्रिया देने के तरीकों में अधिक विकल्प प्रदान करती है।

केंद्रित ध्यान ध्यान: यह प्रकार आपकी एकाग्रता को प्रशिक्षित करता है और

आपके मन को शांत करता है, भावनात्मक प्रतिक्रियाशीलता की समग्र प्रवृत्ति को कम करता है। किसी एक बिंदु, जैसे सांस या मंत्र पर ध्यान केंद्रित करके, आप तनावपूर्ण स्थितियों में भी शांत और संतुलित रहना सीखते हैं।

प्रेमपूर्ण-कृपा ध्यान (मेटा): इस अभ्यास में स्वयं और दूसरों की ओर करुणा और प्रेम के विचारों को निर्देशित करना शामिल है।
यह उन लोगों के लिए विशेष रूप से फायदेमंद हो सकता है जो भावनात्मक संकट से जूझ रहे हैं, क्योंकि यह सकारात्मक भावनाओं को बढ़ावा देता है और क्रोध और नाराजगी जैसी नकारात्मक भावनाओं को कम करता है।

भावनात्मक लचीलापन का निर्माण

भावनात्मक लचीलापन का तात्पर्य तनावपूर्ण या प्रतिकूल परिस्थितियों से उबरने की क्षमता से है। ध्यान आत्म-जागरूकता और करुणा को बढ़ाकर भावनात्मक लचीलापन को मजबूत करता है, और भावनात्मक उथल-पुथल के माध्यम से संतुलन खोए बिना नेविगेट करने की क्षमता में सुधार करता है। यह व्यक्तियों को उनके भावनात्मक स्थिति को स्वीकार करने के उपकरणों से सुसज्जित करता है, जिससे भावनात्मक झटकों से तेजी से उबरने में मदद मिलती है।

दैनिक जीवन में व्यावहारिक लाभ

नियमित ध्यान अभ्यास से प्राप्त भावनात्मक स्थिरता का दैनिक जीवन पर गहरा प्रभाव पड़ सकता है। यह आवेगी प्रतिक्रियाओं को कम करके और सहानुभूतिपूर्ण संवाद बढ़ाकर संबंधों में सुधार कर सकता है। कार्यस्थल पर, यह बेहतर तनाव प्रबंधन और बढ़ी हुई रचनात्मकता का कारण बन सकता है, क्योंकि एक शांत मन समस्याओं को प्रभावी ढंग से हल करने और नए विचारों के साथ सोचने में अधिक सक्षम होता है।

इसके अलावा, ध्यान विभिन्न भावनात्मक विकारों जैसे चिंता, अवसाद और PTSD के लक्षणों को प्रबंधित करने और कम करने में मदद कर सकता है। आराम और वर्तमान क्षण की जागरूकता की स्थिति को बढ़ावा देकर, ध्यान उन लगातार चिंताओं को कम करता है जो अक्सर इन स्थितियों की विशेषता होती हैं।

ध्यान भावनात्मक संतुलन और लचीलापन प्राप्त करने के लिए मूल्यवान उपकरण प्रदान करता है। नियमित ध्यान प्रथाओं में संलग्न होकर, व्यक्ति अपनी भावनाओं को नियंत्रित करने, तनाव का अधिक रचनात्मक तरीके से जवाब देने, और समग्र मानसिक स्वास्थ्य में सुधार करने की अपनी क्षमता को बढ़ा सकते हैं। इसके लाभ व्यक्ति से परे, संबंधों, कार्य और व्यापक समुदाय पर सकारात्मक प्रभाव डालते हैं। ध्यान को एक नियमित अभ्यास के रूप में अपनाने से आपके जीवन के प्रति आपके दृष्टिकोण को बदल सकता है, जिससे अधिक संतुलित, लचीला और पूर्ण अस्तित्व की ओर अग्रसर किया जा सकता है।

"माइंडफुलनेस का प्रत्येक क्षण मायने रखता है, जैसे महासागर में बूंदें, जो दिखने में महत्वहीन लगती हैं लेकिन विशाल गहराइयों का हिस्सा होती हैं। समय के साथ, ये क्षण हमारे मन के सबसे अशांत सागर को भी शांत कर सकते हैं। यह सतत अभ्यास की परिवर्तनकारी शक्ति है।"

9

ध्यान के माध्यम से तनाव प्रबंधन: एक अराजक दुनिया में शांति का विकास

आज की तेज़-तर्रार दुनिया में, तनाव कई लोगों के जीवन का अवश्यंभावी हिस्सा बन गया है। काम और वित्तीय जिम्मेदारियों के दबाव से लेकर व्यक्तिगत संबंधों और स्वास्थ्य संबंधी चिंताओं तक, तनाव विभिन्न रूपों में प्रकट हो सकता है और हमारे जीवन के हर पहलू को प्रभावित कर सकता है। हालांकि, इस अराजकता के बीच तनाव को प्रबंधित करने और कल्याण को बढ़ावा देने का एक शक्तिशाली उपकरण मौजूद है: ध्यान।

तनाव और उसके प्रभावों को समझना

ध्यान के तनाव प्रबंधन लाभों पर चर्चा करने से पहले यह समझना ज़रूरी है कि तनाव क्या है और यह हमारे जीवन को कैसे प्रभावित करता है। तनाव शरीर की एक प्राकृतिक प्रतिक्रिया है जो खतरे या चुनौतियों को महसूस करने पर होती है, और यह कई शारीरिक और मनोवैज्ञानिक प्रतिक्रियाओं को ट्रिगर करती है जो स्थिति से निपटने के लिए हमें तैयार करती हैं। हालांकि, अल्पकालिक तनाव अनुकूल और प्रेरक हो सकता है, लेकिन दीर्घकालिक तनाव हमारे शारीरिक

स्वास्थ्य, मानसिक कल्याण और जीवन की समग्र गुणवत्ता पर हानिकारक प्रभाव डाल सकता है।

चिरकालिक तनाव उच्च रक्तचाप, हृदय रोग, कमजोर प्रतिरक्षा प्रणाली, और चिंता और अवसाद जैसे मानसिक स्वास्थ्य विकारों के बढ़ते जोखिम सहित कई स्वास्थ्य समस्याओं से जुड़ा हुआ है। इसके अलावा, तनाव संज्ञानात्मक कार्यक्षमता को बाधित कर सकता है, नींद के पैटर्न को बिगाड़ सकता है, और थकावट, चिड़चिड़ापन और बर्नआउट की भावनाओं को बढ़ा सकता है। इन गंभीर प्रभावों को देखते हुए, तनाव को प्रबंधित और कम करने के लिए प्रभावी रणनीतियाँ ढूँढना अनिवार्य है।

तनाव प्रबंधन में ध्यान की भूमिका

ध्यान को लंबे समय से विश्राम को बढ़ावा देने, तनाव को कम करने, और आंतरिक शांति की भावना विकसित करने के लिए एक शक्तिशाली उपकरण के रूप में पहचाना गया है। प्राचीन आध्यात्मिक परंपराओं और प्रथाओं में निहित ध्यान कई तकनीकों और दृष्टिकोणों का समावेश करता है जिनका एक सामान्य उद्देश्य है: मन को शांत करना, शरीर को शांत करना, और गहन विश्राम और जागरूकता की स्थिति को बढ़ावा देना।

ध्यान तनाव को कम करने के अपने प्रभाव को मुख्यतः "रिलैक्सेशन रिस्पांस" को प्रेरित करने के माध्यम से प्रकट करता है—एक शारीरिक स्थिति जो हृदय गति, रक्तचाप, और मांसपेशियों के तनाव को कम करने, और प्रतिरक्षा कार्यक्षमता और समग्र कल्याण की भावनाओं को बढ़ाने की विशेषता है। नियमित ध्यान अभ्यास में संलग्न होकर, व्यक्ति अपने शरीर और मन को इस प्रतिक्रिया को अधिक आसानी से सक्रिय करने के लिए प्रशिक्षित कर सकते हैं, दीर्घकालिक तनाव के हानिकारक प्रभावों का मुकाबला कर सकते हैं और अधिक शांति और संतुलन की भावना को बढ़ावा दे सकते हैं।

तनाव प्रबंधन के लिए व्यावहारिक तकनीकें

ध्यान के कई अलग-अलग रूप हैं, प्रत्येक की अपनी अनूठी तकनीकें और लाभ

हैं। हालांकि, अधिकांश ध्यान प्रथाएँ कुछ सामान्य तत्व साझा करती हैं जो तनाव और चिंता को कम करने के लिए विशेष रूप से प्रभावी हो सकते हैं। यहाँ कुछ व्यावहारिक तकनीकें दी गई हैं जिन्हें कोई भी अपनी दैनिक दिनचर्या में शामिल कर सकता है:

केंद्रित ध्यान ध्यान: इस तकनीक में आपका ध्यान एक बिंदु पर केंद्रित करना शामिल है, जैसे आपकी सांस, एक मंत्र, या एक विशेष वस्तु। वर्तमान क्षण में अपनी जागरूकता को लंगर डालकर, केंद्रित ध्यान ध्यान मन को शांत करने और पिछले पछतावों या भविष्य की चिंताओं पर विचार करने की प्रवृत्ति को कम करने में मदद करता है।

माइंडफुलनेस ध्यान: माइंडफुलनेस ध्यान में आपके विचारों, भावनाओं, शारीरिक संवेदनाओं, और परिवेश के प्रति बिना निर्णय के जागरूकता विकसित करना शामिल है। इन अनुभवों को जिज्ञासा और स्वीकृति के साथ देखकर, माइंडफुलनेस ध्यान आपको स्पष्टता और परिप्रेक्ष्य की अधिक भावना विकसित करने में मदद करता है, तनावों के प्रभाव को कम करता है और भावनात्मक लचीलापन को बढ़ावा देता है।

बॉडी स्कैन ध्यान: बॉडी स्कैन ध्यान में, आप व्यवस्थित रूप से अपने ध्यान को अपने शरीर के विभिन्न हिस्सों पर केंद्रित करते हैं, अपने पैर की उंगलियों से शुरू करते हुए और सिर तक जाते हैं। जैसे ही आप प्रत्येक शरीर के भाग को स्कैन करते हैं, आप बिना किसी निर्णय के वहाँ मौजूद किसी भी संवेदनाओं या तनाव को नोटिस करते हैं, उन्हें छोड़ने और भंग करने की अनुमति देते हैं।
बॉडी स्कैन ध्यान विश्राम को बढ़ावा देता है और शारीरिक तनाव को दूर करने में मदद करता है, जो अक्सर तनाव का एक अभिव्यक्ति होता है।

प्रेमपूर्ण-कृपा ध्यान (मेटा): इस अभ्यास में स्वयं और दूसरों की ओर प्रेम, करुणा और शुभकामनाओं की भावनाओं को विकसित करना शामिल है। सकारात्मक भावनाओं को इरादतन उत्पन्न करके और उन्हें दुनिया में भेजकर, प्रेमपूर्ण-कृपा ध्यान भय, क्रोध, और नाराजगी जैसी नकारात्मक भावनाओं का मुकाबला करता है, और भावनात्मक संतुलन और जुड़ाव को बढ़ावा देता है।

विज़ुअलाइज़ेशन ध्यान: विज़ुअलाइज़ेशन ध्यान में, आप मानसिक रूप से एक शांत दृश्य या वांछित परिणाम की कल्पना करते हैं, एक जीवंत और immersive अनुभव बनाने के लिए अपनी इंद्रियों को संलग्न करते हैं। खुद को एक शांत और शांतिपूर्ण वातावरण में देखकर या एक लक्ष्य को प्राप्त करते हुए, आप विश्राम, आत्मविश्वास, और सशक्तिकरण की भावनाओं को जगाने, तनाव को कम करने और सकारात्मकता की भावनाओं को बढ़ाने में मदद कर सकते हैं।

अपने दैनिक जीवन में ध्यान को शामिल करना

ध्यान की सुंदरता इसकी सुलभता और अनुकूलता में है—इसे किसी भी समय, कहीं भी, और किसी भी उम्र, पृष्ठभूमि, या शारीरिक क्षमता के व्यक्ति द्वारा किया जा सकता है। तनाव प्रबंधन के लिए ध्यान के लाभों को प्राप्त करने के लिए, यह आवश्यक है कि एक नियमित अभ्यास स्थापित करें और ध्यान को अपने दैनिक जीवन में एकीकृत करें। यहाँ कुछ सुझाव दिए गए हैं:

समय निकालें: हर दिन ध्यान के लिए समर्पित समय निकालें, चाहे वह सुबह सबसे पहले हो, दोपहर के भोजन के समय हो, या सोने से पहले। नियमितता महत्वपूर्ण है, इसलिए ध्यान को आदत बनाने के लिए हर दिन एक ही समय और स्थान पर अभ्यास करने का प्रयास करें।

छोटे से शुरू करें: यदि आप ध्यान में नए हैं, तो हर दिन कुछ ही मिनटों से शुरू करें और जैसे-जैसे आप अधिक सहज होते हैं, अवधि को धीरे-धीरे बढ़ाएँ। पाँच से दस मिनट का ध्यान भी तनाव को कम करने और विश्राम को बढ़ावा देने के लिए महत्वपूर्ण लाभ प्रदान कर सकता है।

पवित्र स्थान बनाएँ: अपने घर में एक शांत, आरामदायक स्थान निर्धारित करें जहाँ आप बिना किसी रुकावट के ध्यान कर सकें।
आप इस स्थान को मोमबत्तियों, कुशन, या अन्य वस्तुओं से सजाना चुन सकते हैं जो शांति और शांति की भावना उत्पन्न करते हैं।

गाइडेड मेडिटेशन का उपयोग करें: यदि आप नहीं जानते कि कहाँ से शुरू करें या अपने मन को अकेले शांत करने में कठिनाई होती है, तो गाइडेड मेडिटेशन

रिकॉर्डिंग या स्मार्टफोन ऐप का उपयोग करने पर विचार करें जो ऑडियो गाइडेंस और निर्देश प्रदान करते हैं।
ये संसाधन शुरुआती और अनुभवी साधकों दोनों के लिए सहायक हो सकते हैं।

धैर्य रखें और दृढ़ रहें: किसी भी कौशल की तरह, ध्यान को मास्टर करने में समय और अभ्यास लगता है। अपने आप से धैर्य रखें और अपने ध्यान सत्रों को "अच्छा" या "खराब" के रूप में आंकने से बचें। इसके बजाय, प्रत्येक सत्र को एक खुले मन और जो भी सामने आता है उससे सीखने की इच्छा के साथ अपनाएँ।

नियमित अभ्यास के लाभ

जैसे-जैसे आप नियमित ध्यान अभ्यास के लिए प्रतिबद्ध होते हैं, आप तनाव और प्रतिकूलता का जवाब देने के तरीके में सूक्ष्म लेकिन गहरे बदलावों को नोटिस करना शुरू कर सकते हैं। यह मानसिक स्पष्टता, भावनात्मक संतुलन, और आंतरिक शांति विकसित करने में मदद कर सकता है, जिससे आप जीवन की चुनौतियों को सहजता और समानता के साथ नेविगेट कर सकते हैं।

अपने दैनिक दिनचर्या में ध्यान को शामिल करके, आप अपने मानसिक और भावनात्मक कल्याण पर नियंत्रण पाने के लिए खुद को सशक्त बनाते हैं, जीवन के उतार-चढ़ाव में स्थिरता और जागरूकता के साथ प्रतिक्रिया देना सीखते हैं। नियमित अभ्यास आपको वर्तमान क्षण में टिके रहने, आत्म-जागरूकता बढ़ाने, और अंततः एक अधिक उद्देश्यपूर्ण और संतुलित जीवन जीने की ओर ले जाता है। यह न केवल आपके भीतर की दुनिया को शांत करता है, बल्कि आपके बाहरी संबंधों और कार्यों में भी सकारात्मक प्रभाव डालता है।

10
ध्यान और संबंध

स्वस्थ संबंधों का निर्माण और उन्हें बनाए रखना हमारी समग्र खुशी और कल्याण के लिए केंद्रीय है। हमारे परिवार, दोस्तों, या सहकर्मियों के साथ बातचीत की गुणवत्ता हमारे दैनिक जीवन को गहराई से प्रभावित करती है। ध्यान, जिसे अक्सर व्यक्तिगत आत्म-विकास के एक उपकरण के रूप में देखा जाता है, रिश्तों के क्षेत्र में भी गहरे लाभ प्रदान करता है। यह सहानुभूति को बढ़ावा देकर, संचार में सुधार करके, और प्रतिक्रियाशीलता को कम करके हमारे दूसरों से जुड़ने के तरीके को बेहतर बना सकता है। यह अध्याय इस बात का पता लगाता है कि ध्यान का अभ्यास हमारे संबंधों को सकारात्मक रूप से कैसे प्रभावित कर सकता है।

ध्यान के माध्यम से सहानुभूति का विकास

सहानुभूति किसी अन्य व्यक्ति की भावनाओं को समझने और साझा करने की क्षमता है, और यह सफल संबंधों की नींव है। ध्यान हमारे भावनाओं को नियंत्रित करने और दूसरों की भावनाओं के प्रति हमारी जागरूकता को बढ़ाने की क्षमता को बढ़ाकर सहानुभूति को बढ़ावा देता है। उदाहरण के लिए, माइंडफुलनेस ध्यान हमारे लिए किसी अन्य व्यक्ति के साथ बिना निर्णय के उपस्थित रहने की क्षमता को बढ़ाता है। यह उपस्थिति हमें यह गहराई से समझने की अनुमति देती है कि दूसरे क्या अनुभव कर रहे हैं और उनके प्रति सच्ची समझ के साथ प्रतिक्रिया करने में मदद करती है।

प्रेमपूर्ण-कृपा ध्यान (मेटा) जैसे अभ्यास विशेष रूप से दूसरों के प्रति करुणा और

सद्भावना की भावनाओं को विकसित करने के उद्देश्य से किए जाते हैं। मित्रों, तटस्थ व्यक्तियों, और यहाँ तक कि हमारे विरोधियों को भी नियमित रूप से प्रेम और दयालुता के विचार भेजकर, हम नाराजगी की बाधाओं को तोड़ सकते हैं और सहानुभूति के लिए अपनी क्षमता में सुधार कर सकते हैं।

संचार कौशल में सुधार

संबंधों में प्रभावी संचार महत्वपूर्ण है, और ध्यान इसमें कई तरीकों से मदद करता है। पहला, ध्यान हमें बेहतर श्रोता बनने में मदद करता है। वर्तमान क्षण पर ध्यान केंद्रित करने का अभ्यास हमें पूरी तरह से उस समय शामिल होने की अनुमति देता है जब कोई हमसे बात कर रहा हो, बजाय इसके कि हम अगले उत्तर की योजना बनाने या अपने विचारों और भावनाओं में विचलित होने लगें।
यह ध्यान हमारी बातचीत को अधिक सार्थक और सहायक बना सकता है।

इसके अलावा, ध्यान हमारे भाषण को प्रबंधित करने में मदद करता है। यह हमारे विचारों और भावनाओं के प्रति अधिक जागरूकता को प्रोत्साहित करता है, जिससे हमें अपने शब्दों को अधिक सावधानी से चुनने की अनुमति मिलती है। नियमित अभ्यास के साथ, हम प्रतिक्रियाशील और आहत करने वाली टिप्पणियों से बचना सीख सकते हैं और इसके बजाय खुद को अधिक स्पष्ट और दयालुता के साथ व्यक्त कर सकते हैं। यह mindful संचार गलतफहमी और संघर्षों को रोक सकता है और अधिक सा मंजस्यपूर्ण संबंधों को बढ़ावा दे सकता है।

प्रतिक्रियाशीलता को कम करना

संबंधों में प्रमुख चुनौतियों में से एक भावनात्मक प्रतिक्रियाशीलता है—सोचे-समझे बिना विचारों और भावनाओं के प्रति आवेगपूर्ण प्रतिक्रिया देना। ध्यान इस प्रतिक्रियाशीलता को कम करने में मदद करता है। ध्यान में अपने मन का निरीक्षण करके, हम अपनी आदतन भावनात्मक ट्रिगर्स और उनके बाद की प्रतिक्रियाओं के पैटर्न को पहचानना सीखते हैं। समय के साथ, यह जागरूकता हमें ट्रिगर होने पर रुकने, जवाब देने का तरीका चुनने, और knee-jerk प्रतिक्रियाओं से बचने में सक्षम बनाती है जो संबंधों को नुकसान पहुँचा सकती हैं।

उदाहरण के लिए, यदि किसी साथी या सहकर्मी के साथ बातचीत तीखी हो रही है, तो एक ध्यान साधक अपने गुस्से या निराशा को महसूस कर सकता है और शांत बहाल करने के लिए कुछ गहरी साँसें लेने का विकल्प चुन सकता है। यह विराम एक संघर्ष को बढ़ाने और इसे रचनात्मक रूप से हल करने के बीच का अंतर बना सकता है।

संबंधों को गहरा करना

ध्यान हमारे संचार के अशाब्दिक तत्वों, जैसे बॉडी लैंग्वेज और चेहरे के भावों के प्रति हमें अधिक संवेदनशील बनाकर दूसरों के साथ हमारे संबंधों को भी गहरा कर सकता है। माइंडफुलनेस हमारी इन सूक्ष्म संकेतों को देखने और व्याख्या करने की क्षमता को बढ़ाता है, जो अक्सर शब्दों से अधिक प्रकट करते हैं। यह बढ़ी हुई जागरूकता अधिक अंतरंग और पुरस्कृत बातचीत का कारण बन सकती है, क्योंकि हम दूसरों की अनकही ज़रूरतों और भावनाओं के प्रति अधिक संवेदनशीलता के साथ प्रतिक्रिया करते हैं।

संबंधों में ध्यान को एकीकृत करने के लिए व्यावहारिक सुझाव

साझा ध्यान: अपने साथी या परिवार के सदस्यों के साथ ध्यान का अभ्यास करना बंधन को मजबूत कर सकता है और शांत और ध्यान की साझा भावना बना सकता है।माइंडफुल सुनना: बातचीत में माइंडफुल सुनने का प्रयास करें, दूसरे व्यक्ति को बिना बाधित किए अपना पूरा ध्यान दें। नियमित चिंतन: विशेष रूप से कठिन बातचीत के बाद, अपने भूमिका पर चिंतन करें और ध्यान के दौरान प्राप्त अंतर्दृष्टि का उपयोग करके भविष्य के संचार में सुधार कैसे करें, इस पर विचार करें। करुणा को क्रिया में बदलना: प्रेमपूर्ण-कृपा ध्यान से प्राप्त अंतर्दृष्टि का उपयोग अपने आसपास के लोगों के लिए छोटे-छोटे दयालुता के कार्यों को करने के लिए करें, संबंधों को मजबूत करें और सकारात्मक भावनाओं का निर्माण करें।

दैनिक जीवन में ध्यान को शामिल करना पारस्परिक संबंधों को काफी हद तक बढ़ा सकता है। यह अभ्यास सहानुभूति विकसित करता है, संचार में सुधार करता है, और भावनात्मक प्रतिक्रियाशीलता को कम करता है, जो सभी स्वस्थ, अधिक सहायक और अधिक आनंददायक संबंधों में योगदान करते हैं। माइंडफुलनेस और

ध्यान के सिद्धांतों को लागू करके, हम दूसरों के साथ अपनी बातचीत को बदल सकते हैं, न केवल अपनी खुशी को बढ़ावा दे सकते हैं, बल्कि अपने आसपास के लोगों की भलाई को भी बढ़ावा दे सकते हैं। ध्यान के माध्यम से, हम केवल अपने भीतर अधिक सामंजस्यपूर्ण रूप से जीना नहीं सीखते, बल्कि दूसरों के साथ भी, एक अधिक दयालु और जुड़े हुए विश्व का निर्माण करते हैं।

"ध्यान की नीरवता में, हम अपने सच्चे स्वरूप की फुसफुसाहट सुनते हैं।
ये फुसफुसाहट, यद्यपि धीमी, हमारे अस्तित्व के प्रेरक सत्य को वहन करती हैं।
गहराई से सुनकर, हम अपने कार्यों को अपने गहनतम मूल्यों के अनुरूप करते
हैं।"

11

माइंडफुल भोजन और स्वास्थ्य

आज की तेज़-तर्रार दुनिया में, भोजन अक्सर जल्दी और बिना ज्यादा सोच-विचार के खा लिया जाता है। इस जल्दबाजी में, खाने का कार्य स्वचालित या मल्टीटास्किंग के दौरान किया जाने वाला एक साइड एक्टिविटी बन सकता है। हालांकि, हम जिस तरह से खाते हैं, वह हमारे शारीरिक स्वास्थ्य और समग्र कल्याण को गहराई से प्रभावित कर सकता है। माइंडफुल भोजन, जो माइंडफुलनेस की व्यापक अवधारणा से प्रेरित है, खाने और पीने के अनुभव पर—शरीर के अंदर और बाहर—पूर्ण ध्यान देने का अभ्यास है।

माइंडफुल भोजन क्या है?

माइंडफुल भोजन माइंडफुलनेस का उपयोग करके अपने अनुभवों, इच्छाओं, और खाने के दौरान शारीरिक संकेतों पर पूरी तरह से ध्यान देने की एक अवस्था तक पहुँचने के बारे में है। मूल रूप से, इसमें बिना किसी व्याकुलता के धीरे-धीरे खाना, भोजन के रंग, गंध, बनावट, और स्वाद को नोट करना, और खाने के प्रति भावनात्मक और शारीरिक प्रतिक्रियाओं के प्रति जागरूक रहना शामिल है। यह अभ्यास खाने के व्यवहार को बदलने में मदद कर सकता है, जिससे पाचन में सुधार, भोजन के साथ बेहतर संबंध, और बेहतर स्वास्थ्य प्राप्त हो सकता है।

माइंडफुल भोजन के लाभ

पाचन में सुधार: धीरे-धीरे खाने और अच्छे से चबाने से आपके पाचन तंत्र को भोजन को कुशलता से संसाधित करने का पर्याप्त समय मिलता है, जिससे पाचन असुविधा को कम करने और पोषक तत्वों के अवशोषण में सुधार में मदद मिलती है।

आनंद में वृद्धि: धीरे-धीरे खाने और हर कौर का स्वाद लेने से आप अपने भोजन के स्वाद और बनावट की सराहना कर सकते हैं, जिससे भोजन अधिक आनंददायक और संतोषजनक बनता है।

वजन प्रबंधन: माइंडफुल भोजन आपको यह पहचानने में मदद करता है कि आप कब संतुष्ट हैं, जिससे अधिक खाने से बचा जा सकता है—जो वजन बढ़ने का एक सामान्य कारण है।
भूख और तृप्ति के संकेतों के प्रति जागरूकता अधिक विचारशील खाने के व्यवहारों की ओर ले जाती है, जो स्वस्थ वजन बनाए रखने में मदद कर सकते हैं।

भावनात्मक खाने में कमी: खाने के भावनात्मक कारणों, जैसे तनाव, ऊब, या अकेलापन को पहचानकर, आप भावनाओं से निपटने के लिए स्वस्थ तरीकों को विकसित कर सकते हैं, जिससे अनावश्यक स्नैकिंग या बिंज ईटिंग में कमी आ सकती है।

भोजन के साथ स्वस्थ संबंध विकसित करना: माइंडफुल भोजन खाद्य पदार्थों को "अच्छा" या "बुरा" के रूप में लेबल करने को हतोत्साहित करता है और इसके बजाय पोषण के प्रति एक संतुलित दृष्टिकोण को बढ़ावा देता है। यह खाने के बारे में चिंता को कम करने और भोजन के साथ अधिक शांतिपूर्ण संबंध को प्रोत्साहित करने में मदद कर सकता है।

माइंडफुल भोजन का अभ्यास करने के व्यावहारिक सुझाव

छोटे भोजन से शुरुआत करें: अपने अभ्यास की शुरुआत छोटे भोजन या स्नैक से करें। जब भोजन अधिक न हो, तो खाने के अनुभव पर ध्यान केंद्रित करना आसान होता है।

विचलनों को समाप्त करें: टीवी बंद करें, फोन दूर रखें, और अपनी खाने की जगह से किताबें या अन्य विचलन हटा दें। यह आपको भोजन और अपने शरीर के संकेतों पर ध्यान केंद्रित करने में मदद करता है।

सभी इंद्रियों को शामिल करें: खाना शुरू करने से पहले, अपने भोजन की उपस्थिति और गंध की सराहना करने के लिए एक क्षण लें। खाने के दौरान, सभी सामग्रियों को पहचानने का प्रयास करें, जिसमें सूक्ष्म जड़ी-बूटियाँ और मसाले शामिल हैं।

धीरे-धीरे खाएँ: हर कौर के बीच अपने चम्मच या कांटे को नीचे रखें, अच्छे से चबाएँ, और हर निवाले का स्वाद लें। यह न केवल पाचन में मदद करता है बल्कि आपके शरीर के तृप्ति संकेतों को पहचानना भी आसान बनाता है।

अपने शरीर से जुड़ें: भोजन के दौरान अपनी भूख और तृप्ति के स्तर का नियमित रूप से मूल्यांकन करें। अपने आप से पूछें कि क्या आप भूख की वजह से खा रहे हैं या आदत के कारण। यह आपको तय करने में मदद कर सकता है कि कब खाना बंद करना है।

अपने भोजन विकल्पों के प्रभाव पर विचार करें: अपने भोजन की उत्पत्ति और इसके पोषण लाभों के बारे में सोचें। यह आपके भोजन के लिए एक गहरी सराहना को बढ़ावा दे सकता है और आपको स्वस्थ विकल्प बनाने में मदद कर सकता है।

अपने खाने पर चिंतन करें: भोजन खत्म करने के बाद, अपने अनुभव के बारे में सोचने के लिए कुछ क्षण निकालें। आपको क्या पसंद आया? क्या पसंद नहीं आया? आप शारीरिक और भावनात्मक रूप से कैसा महसूस करते हैं?

अपने जीवन में माइंडफुल भोजन को एकीकृत करना

अपने दैनिक जीवन में माइंडफुल भोजन को शामिल करना एक कठिन कार्य नहीं होना चाहिए। हर दिन एक भोजन को माइंडफुल तरीके से खाने के लिए चुनें, या किसी भी भोजन के पहले कुछ कौर से शुरुआत करें। समय के साथ, जैसे-जैसे यह अभ्यास अधिक परिचित हो जाएगा, इन माइंडफुल क्षणों को बढ़ाएँ।

माइंडफुल भोजन हमारे शारीरिक स्वास्थ्य और भावनात्मक कल्याण को बढ़ाने के लिए एक शक्तिशाली उपकरण है। यह हमें हमारे भोजन का वास्तव में अनुभव और आनंद लेने, हमारी आहार संबंधी आदतों में सुधार करने, और भोजन के साथ हमारे संबंध को बदलने की अनुमति देता है। अपने भोजन में माइंडफुलनेस लाकर, हम न केवल अपने शरीर का पोषण करते हैं बल्कि अपने मन का भी, एक ऐसा अभ्यास विकसित करते हैं जो हमारे जीवन को हर निवाले में समृद्ध करता है।

"माइंडफुलनेस हमारे दैनिक जीवन की तस्वीर को उच्च-रिज़ॉल्यूशन में लाती है।
यह छवि को तेज करती है ताकि हम वास्तव में जो वहाँ है उसे देख सकें, न कि केवल जो हम कल्पना या डरते हैं।
ऐसी स्पष्टता धारणा और वास्तविकता दोनों को बदल देती है।"

12

विभिन्न आयु वर्गों के लिए ध्यान

ध्यान एक बहुमुखी अभ्यास है जिसे जीवन के किसी भी चरण में व्यक्तियों को लाभ पहुंचाने के लिए अनुकूलित किया जा सकता है।

बच्चों से लेकर बुजुर्गों तक, हर आयु वर्ग ध्यान में कल्याण बढ़ाने, तनाव प्रबंधन, और समग्र स्वास्थ्य सुधारने का एक उपकरण पा सकता है।

बच्चों के लिए ध्यान

बच्चों को ध्यान से परिचित कराना उन्हें तनाव प्रबंधन, ध्यान केंद्रित करने, और भावनात्मक नियंत्रण के प्रारंभिक उपकरण प्रदान कर सकता है। छोटे बच्चों के लिए, ध्यान सरल और आकर्षक होना चाहिए। निर्देशित कल्पना जैसी तकनीकें, जहाँ वे समुद्र तट या जंगल जैसी शांत जगह की कल्पना करते हैं, विशेष रूप से प्रभावी हो सकती हैं। इसके अलावा, मज़ेदार रूपकों का उपयोग करके साँस लेने के अभ्यास (जैसे, "सांस अंदर लें जैसे आप एक फूल की खुशबू ले रहे हैं, सांस बाहर छोड़ें जैसे आप एक मोमबत्ती बुझा रहे हैं") इस अभ्यास को अधिक सुलभ बना सकते हैं।

सत्र छोटे होने चाहिए ताकि बच्चों के छोटे ध्यान अवधि के अनुकूल हो—आमतौर पर कुछ मिनट पर्याप्त होते हैं। नियमित अभ्यास बच्चों का ध्यान बेहतर करने, चिंता कम करने, और उनके भावनात्मक और सामाजिक विकास को बढ़ाने में

मदद कर सकता है। ध्यान को दैनिक गतिविधियों में शामिल करना, जैसे स्कूल का काम शुरू करने से पहले शांत सांस लेना या सोने से पहले कुछ पल शांत रहना, ध्यान को उनके जीवन का स्वाभाविक हिस्सा बना सकता है।

किशोरों के लिए ध्यान

किशोर अक्सर अकादमिक दबावों, सामाजिक गतिशीलता, और वयस्कता में परिवर्तन की चुनौतियों से महत्वपूर्ण तनाव का सामना करते हैं। ध्यान उनके लिए एक मूल्यवान संसाधन हो सकता है, जो चिंता को प्रबंधित करने, आत्म-सम्मान बढ़ाने, और एकाग्रता में सुधार करने में मदद करता है। माइंडफुलनेस ध्यान जैसी तकनीकें विशेष रूप से उपयुक्त हैं, क्योंकि ये किशोरों को वर्तमान क्षण पर ध्यान केंद्रित करना और उनके विचारों और भावनाओं के प्रति गैर-निर्णयात्मक जागरूकता विकसित करना सिखाती हैं।

किशोरों के लिए ध्यान को उनकी रुचियों से जोड़ना या इसे योग या मार्शल आर्ट जैसी शारीरिक गतिविधियों में शामिल करना इसे अधिक आकर्षक बना सकता है। इसके अलावा, ध्यान के लिए डिज़ाइन किए गए ऐप्स तकनीक-प्रेमी किशोरों के साथ अच्छी तरह से जुड़ सकते हैं, उन्हें निर्देशित सत्र प्रदान करते हैं जिन्हें वे स्वयं अनुसरण कर सकते हैं। किशोरों को हर दिन कुछ मिनट ध्यान करने के लिए प्रोत्साहित करना उन्हें मानसिक स्वास्थ्य और भावनात्मक लचीलापन मजबूत करने की एक दिनचर्या विकसित करने में मदद कर सकता है।

वयस्कों के लिए ध्यान

वयस्क अक्सर तनाव को दूर करने, स्वास्थ्य में सुधार करने, और एक गहरी उद्देश्य की भावना पाने के लिए ध्यान की ओर रुख करते हैं। वयस्कों के लिए, ध्यान ऐसी तकनीकों पर केंद्रित हो सकता है जिन्हें व्यस्त जीवन शैली में एकीकृत किया जा सके, जैसे माइंडफुलनेस, जिसे यात्रा करते समय, खाते समय, या काम के दौरान ब्रेक लेते समय अभ्यास किया जा सकता है। गहरी सांस लेने के व्यायाम, प्रगतिशील मांसपेशी विश्राम, और बॉडी स्कैन ध्यान भी तनाव कम करने और शारीरिक जागरूकता बढ़ाने में सहायक होते हैं।

वयस्कों को बच्चों और किशोरों की तुलना में लंबे ध्यान सत्रों से लाभ हो सकता है, जो 10 से 30 मिनट या उससे अधिक तक हो सकते हैं। काम से पहले या बाद में, या लंच ब्रेक के दौरान नियमित अभ्यास स्थापित करना तनाव को दूर करने और उत्पादकता और रचनात्मकता बढ़ाने का एक संरचित तरीका प्रदान कर सकता है।

बुजुर्गों के लिए ध्यान

बुजुर्गों के लिए, ध्यान पुरानी दर्द को प्रबंधित करने, नींद के पैटर्न में सुधार करने, और समग्र मानसिक स्वास्थ्य को बढ़ाने में मदद कर सकता है। यह जीवन के उस चरण में शांति और जुड़ाव की भावना भी प्रदान कर सकता है, जिसमें महत्वपूर्ण परिवर्तन हो सकते हैं, जैसे सेवानिवृत्ति या स्वास्थ्य समस्याओं का सामना करना। प्रेमपूर्ण-कृपा ध्यान जैसी तकनीकें विशेष रूप से प्रेरक हो सकती हैं, जो स्वयं और दूसरों के प्रति करुणा की भावनाओं को बढ़ावा देती हैं।

बुजुर्ग हल्की गतिविधियों को शामिल करने वाले ध्यान रूपों, जैसे ताई ची या चीगोंग, की सराहना कर सकते हैं, जो ध्यान, नियंत्रित सांस लेने, और कोमल आंदोलनों को स्वास्थ्य और संतुलन बढ़ाने के लिए जोड़ते हैं। ये प्रथाएँ न केवल ध्यान के लाभ प्रदान करती हैं बल्कि शारीरिक स्वास्थ्य और गतिशीलता बनाए रखने में भी मदद करती हैं।

ध्यान एक लचीला अभ्यास है जिसे किसी भी आयु वर्ग की ज़रूरतों के अनुरूप बनाया जा सकता है। चाहे बच्चों के लिए आकर्षक कल्पनाओं के माध्यम से, किशोरों और वयस्कों के लिए माइंडफुलनेस के माध्यम से, या बुजुर्गों के लिए हल्की गति-आधारित प्रथाओं के माध्यम से, ध्यान जीवन भर महत्वपूर्ण लाभ प्रदान करता है। आयु-उपयुक्त और प्रासंगिक प्रथाओं को अनुकूलित करके, ध्यान कल्याण बढ़ाने और जीवन के विभिन्न चरणों की चुनौतियों का सामना करने के लिए शक्तिशाली उपकरण प्रदान कर सकता है। नियमित अभ्यास के माध्यम से, व्यक्ति अपने मानसिक, भावनात्मक, और शारीरिक स्वास्थ्य में सुधार का अनुभव कर सकते हैं, जिससे एक अधिक समृद्ध, संतुलित जीवन का योगदान होता है।

৩৩

"ध्यान हमें दुनिया से अलग नहीं करता बल्कि हमें उसमें गहराई से डुबो देता है। इस गहन immersion के माध्यम से, हम सभी चीजों के परस्पर संबंध को देखते हैं।
और इस समझ के साथ, करुणा स्वाभाविक रूप से बहती है।"

13

ध्यान और नींद

नींद समग्र स्वास्थ्य का एक महत्वपूर्ण हिस्सा है, जो संज्ञानात्मक प्रदर्शन से लेकर रोग प्रतिरोधक क्षमता तक हर चीज़ को प्रभावित करती है। हालांकि, कई लोग तनाव, चिंता या अन्य कारणों से अनिद्रा या खराब नींद की गुणवत्ता से जूझते हैं। ध्यान को नींद को बेहतर बनाने का एक प्रभावी उपकरण माना गया है, जो व्यक्तियों को आराम करने, जल्दी सोने और अधिक पुनर्स्थापनात्मक नींद का आनंद लेने में मदद करता है।

ध्यान और नींद के बीच संबंध को समझना

ध्यान अनिद्रा के कुछ सामान्य मूल कारणों, जैसे तनाव और चिंता को संबोधित करके नींद में सुधार करता है। मन को शांत करके और तंत्रिका तंत्र की लड़ाई-या-उड़ान प्रतिक्रिया को कम करके, ध्यान तनाव हार्मोन के स्तर को कम कर सकता है और नींद के लिए अनुकूल परिस्थितियाँ बना सकता है। नियमित ध्यान अभ्यास न केवल जल्दी सोने में मदद करता है, बल्कि नींद की गुणवत्ता को भी गहरा बनाता है, जिससे यह अधिक तरोताजा करने वाली बनती है।

ध्यान के माध्यम से नींद में सुधार के लिए तकनीकें

माइंडफुलनेस ध्यान: माइंडफुलनेस में वर्तमान क्षण पर बिना किसी निर्णय के ध्यान देना शामिल है। सोने से पहले माइंडफुलनेस ध्यान का अभ्यास करने से दिन के तनावों को दूर करने और अपनी सांस की लय पर ध्यान केंद्रित करने में

मदद मिल सकती है, जिससे नींद में शांतिपूर्ण परिवर्तन होता है। आप सांस का अवलोकन करके शुरू कर सकते हैं, अपनी नासिका से ठंडी हवा के प्रवेश और गर्म हवा के निकास को महसूस करते हुए, या अपने पैर की उंगलियों से सिर तक बॉडी स्कैन करके, प्रत्येक अंग में तनाव को धीरे-धीरे छोड़ते हुए।

गाइडेड इमेजरी: इस तकनीक में किसी शांतिपूर्ण स्थान की कल्पना करना और उसके विवरण में डूब जाना शामिल है। यह सामान्य विचारों से विचलित होने में मदद करता है और शरीर को आराम देता है। गाइडेड इमेजरी को किसी ऐप या ऑडियो रिकॉर्डिंग के माध्यम से सुनना विशेष रूप से प्रभावी हो सकता है, जो चिंताओं से ध्यान हटाने में मदद करता है।

मंत्र ध्यान: किसी शांत करने वाले शब्द या वाक्यांश, जैसे "शांति" या "आराम," को दोहराने से मन पर ध्यान केंद्रित करने और नींद में उतरने में मदद मिल सकती है। मंत्र की पुनरावृत्ति मानसिक लोरी की तरह काम कर सकती है, मस्तिष्क की गतिविधि को कम कर सकती है और नींद को सुविधाजनक बना सकती है।

श्वास अभ्यास: विशिष्ट श्वास तकनीकें भी विश्राम और नींद को बढ़ावा दे सकती हैं। "4-7-8" श्वास तकनीक, जिसमें चार सेकंड तक सांस लेना, सात सेकंड तक सांस रोकना और आठ सेकंड तक सांस छोड़ना शामिल है, विशेष रूप से प्रभावी है। यह पैटर्न चिंता को कम कर सकता है और शरीर को नींद में परिवर्तन में मदद कर सकता है।

प्रगतिशील मांसपेशी विश्राम (पीएमआर): पीएमआर में शरीर के प्रत्येक मांसपेशी समूह को कसना, लेकिन तनाव के बिंदु तक नहीं, और फिर धीरे-धीरे उन्हें आराम देना शामिल है। यह तनाव और विश्राम के बीच के अंतर को उजागर करने में मदद करता है, जिससे शरीर को गहरी शांति की स्थिति में ले जाया जाता है। पैर की उंगलियों से शुरू करके और ऊपर की ओर बढ़ते हुए, पूरे शरीर को व्यवस्थित रूप से आराम दें, इसे नींद के लिए तैयार करें।

रात्रिकालीन दिनचर्या में ध्यान को शामिल करना

नींद सहायता के रूप में ध्यान का प्रभावी ढंग से उपयोग करने के लिए, इसे अपनी

रात्रिकालीन दिनचर्या में शामिल करें। यह नियमितता शरीर और मन को ध्यान अभ्यास को नींद की शुरुआत से जोड़ने में मदद करती है, जिससे आदत मजबूत होती है।

विशिष्ट समय निर्धारित करें: हर रात एक ही समय पर ध्यान करें ताकि नींद के साथ जुड़ाव मजबूत हो।

अनुकूल वातावरण बनाएं: सुनिश्चित करें कि आपका ध्यान स्थान आरामदायक, शांत और विकर्षणों से मुक्त हो। आप आरामदायक तकिए, मद्धम रोशनी, या लैवेंडर जैसी शांत सुगंध शामिल कर सकते हैं।

स्क्रीन समय को सीमित करें: सोने से कम से कम एक घंटा पहले स्क्रीन और तेज रोशनी के संपर्क को कम करें ताकि ध्यान अभ्यास की प्रभावशीलता बढ़ सके।

छोटा रखें: ध्यान का अभ्यास 10-15 मिनट से शुरू करें। कुछ लोगों के लिए सोने से पहले एक लंबा सत्र बहुत उत्तेजक हो सकता है।

सामान्य चुनौतियों से निपटना

नींद में सुधार के लिए ध्यान का पहली बार उपयोग करते समय चुनौतियों का सामना करना आम बात है। हो सकता है कि आपका मन दिन के तनावों पर लौट आए या यदि तुरंत नींद नहीं आती है तो आप निराश हो जाएँ। इन चुनौतियों का धैर्य और बिना निर्णय के दृष्टिकोण के साथ सामना करना महत्वपूर्ण है। ध्यान का उद्देश्य नींद को मजबूर करना नहीं है, बल्कि एक आराम की स्थिति बनाना है जो नींद के लिए अनुकूल हो। नियमित अभ्यास के साथ, ध्यान न केवल जल्दी सोने की सुविधा प्रदान कर सकता है, बल्कि नींद की गुणवत्ता को भी काफी हद तक बढ़ा सकता है।

अपनी रात्रिकालीन दिनचर्या में ध्यान को शामिल करना आपकी नींद के अनुभव को बदल सकता है। माइंडफुलनेस से लेकर गाइडेड इमेजरी, श्वास अभ्यास, और प्रगतिशील मांसपेशी विश्राम तक के अभ्यासों के साथ, आप अपनी आवश्यकताओं के लिए सबसे उपयुक्त तकनीक पा सकते हैं। जैसे-जैसे आप अभ्यास करना जारी रखते हैं, आपको न केवल बेहतर नींद मिलेगी, बल्कि तनाव

भी कम होगा और समग्र कल्याण में वृद्धि होगी, जो एक स्वस्थ, अधिक संतुलित जीवन में योगदान देगा।

भी कम होगा और समग्र कल्याण में वृद्धि होगी, जो एक स्वस्थ, अधिक संतुलित जीवन में योगदान देगा।

"ध्यान के माध्यम से, हम सीखते हैं कि स्थिरता आंदोलन की अनुपस्थिति नहीं है, बल्कि हमारे मन, शरीर और आत्मा का सही संरेखण है। यहाँ, अस्तित्व के संतुलन में, हमें वह शांति मिलती है जो समय से परे रहती है।"

14

कार्य जीवन में ध्यान को शामिल करना

आज की तेज़ रफ्तार और अक्सर उच्च दबाव वाली कार्य परिस्थितियों में, तनाव एक सामान्य समस्या है जो उत्पादकता और समग्र नौकरी संतुष्टि को बाधित कर सकती है। हालांकि, अपने कार्य जीवन में ध्यान को शामिल करना न केवल तनाव को कम करने बल्कि ध्यान, दक्षता और रचनात्मकता को बढ़ाने का एक व्यावहारिक और प्रभावी तरीका प्रदान करता है। यहां हम सीखेंगे कि माइंडफुलनेस और ध्यान को कार्यस्थल में कैसे सहजता से शामिल किया जा सकता है, सभी स्तरों के व्यक्तियों के लिए एक स्वस्थ, अधिक संतुलित और उत्पादक कार्य वातावरण को बढ़ावा देने के लिए रणनीतियाँ पेश करते हुए।

कार्यस्थल में ध्यान के लाभों को समझना

कार्य के संदर्भ में, विशेष रूप से माइंडफुलनेस का अभ्यास, कई लाभ प्रदान करने के लिए जाना जाता है। इनमें बेहतर एकाग्रता और ध्यान, तनाव प्रबंधन और चुनौतीपूर्ण परिस्थितियों में शांत प्रतिक्रिया देने की क्षमता, बेहतर निर्णय लेने के कौशल और मनोवैज्ञानिक तनाव के खिलाफ लचीलापन शामिल हैं। इसके अलावा, माइंडफुलनेस भावनात्मक बुद्धिमत्ता को बढ़ावा दे सकती है, जिससे बेहतर अंतर-व्यक्तिगत संबंध और टीमवर्क कौशल में सुधार होता है।

कार्यस्थल पर ध्यान को शामिल करने के सरल तरीके

माइंडफुल ब्रिदिंग: यह खुद को केंद्रित करने और तनाव से लड़ने के सबसे सरल और प्रभावी तरीकों में से एक है। आप अपने डेस्क पर या ब्रेक के दौरान माइंडफुल ब्रिदिंग का अभ्यास कर सकते हैं। केवल कुछ मिनट सांस पर ध्यान केंद्रित करने में बिताएं, प्रत्येक श्वास और निश्वास को नोटिस करें, और जब भी आपका मन भटके, इसे फिर से अपनी सांस पर केंद्रित करें। यह अभ्यास मानसिक रीसेट के रूप में कार्य कर सकता है, मन को साफ कर सकता है और तनाव को कम कर सकता है।

निर्धारित ध्यान ब्रेक: जैसे आप कॉफी ब्रेक लेते हैं, वैसे ही आप दिनभर में छोटे ध्यान ब्रेक भी निर्धारित कर सकते हैं। ये औपचारिक ध्यान सत्र हो सकते हैं, किसी ऐप या ऑडियो गाइड का उपयोग करके, या बस कुछ मिनटों के लिए मौन में बैठ सकते हैं। कार्य कार्यों से नियमित रूप से ध्यान हटाना दिनभर स्थिर उत्पादकता बनाए रखने और बर्नआउट को रोकने में मदद कर सकता है।

माइंडफुल लिसनिंग: बैठकों या वार्तालापों के दौरान, वक्ता पर पूरी तरह से ध्यान केंद्रित करने का अभ्यास करें, अपने विचारों और विकर्षणों को अलग रखें। यह न केवल जानकारी को अवशोषित करने और विचारशील प्रतिक्रिया देने की आपकी क्षमता में सुधार करता है बल्कि आपके सहकर्मियों को सुना और मूल्यवान महसूस कराकर आपके पारस्परिक संबंधों को भी बढ़ाता है।

माइंडफुल ईटिंग: अपने दोपहर के भोजन के ब्रेक का उपयोग माइंडफुल ईटिंग का अभ्यास करने के लिए करें। काम करते समय या अपने फोन को स्क्रॉल करते समय खाने के बजाय, केवल खाने के अनुभव पर ध्यान केंद्रित करें। अपने भोजन के स्वाद, बनावट और सुगंध पर ध्यान दें। माइंडफुल ईटिंग पाचन को बेहतर बनाने में मदद करता है और आपके ब्रेक को अधिक ताज़गी देने वाला बना सकता है।

वॉकिंग मेडिटेशन्स: यदि आपका काम लंबे समय तक बैठने से संबंधित है, तो दिन में छोटे वॉकिंग मेडिटेशन शामिल करें। पांच से दस मिनट की सैर करें, चाहे अंदर हो या बाहर, और इस समय का उपयोग अपनी गति और सांस पर ध्यान

केंद्रित करने के लिए करें। यह न केवल आपके पैरों को खिंचाव देने और आपके दिमाग को साफ करने में मदद करता है बल्कि आपकी शारीरिक गतिविधि में एक ध्यानपूर्ण अभ्यास को भी एकीकृत करता है।

माइंडफुल कार्य वातावरण बनाना

व्यक्तिगत प्रथाओं के अलावा, ध्यान के लाभों को महत्व देने और समझने वाली कार्यस्थल संस्कृति को बढ़ावा देना इसके सकारात्मक प्रभावों को बढ़ा सकता है। यहां अधिक माइंडफुल कार्यस्थल को प्रोत्साहित करने की कुछ रणनीतियां दी गई हैं:

शिक्षा और प्रोत्साहन: अपनी टीम या नेतृत्व के साथ ध्यान के लाभों के बारे में संसाधन साझा करें। नियमित ध्यान सत्रों या माइंडफुलनेस प्रशिक्षण का प्रस्ताव करना एक अधिक केंद्रित और कम तनावपूर्ण कार्य वातावरण को विकसित करने में मदद कर सकता है।

शांत स्थान बनाना: यदि संभव हो, तो एक शांत कमरे की व्यवस्था करें जहां कर्मचारी ध्यान कर सकें या बस अपने डेस्क से दूर शांत बैठ सकें। विश्राम और माइंडफुलनेस के लिए समर्पित एक भौतिक स्थान होना ध्यान को कार्यदिवस में एकीकृत करने की व्यवहार्यता को काफी बढ़ा सकता है।

उदाहरण प्रस्तुत करना: यदि आप नेतृत्व की स्थिति में हैं, तो खुले तौर पर माइंडफुलनेस का अभ्यास करना आपकी टीम के लिए एक शक्तिशाली उदाहरण प्रस्तुत कर सकता है। जो नेता अपने व्यवहार में तनाव प्रबंधन और माइंडफुलनेस को प्रदर्शित करते हैं, वे अपने कर्मचारियों को इसी तरह की प्रथाओं को अपनाने के लिए प्रोत्साहित करते हैं।

चुनौतियों से निपटना

अपने कार्य जीवन में ध्यान को एकीकृत करने में प्रारंभ में संदेह या प्रतिरोध का सामना करना पड़ सकता है, चाहे वह स्वयं से हो या दूसरों से। छोटे से शुरू करना और ध्यान प्रथाओं की दृश्यता और स्वीकृति को धीरे-धीरे बढ़ाना महत्वपूर्ण है। कार्यशालाओं या सूचनात्मक सत्रों के माध्यम से व्यक्तिगत और संगठनात्मक

लाभों को उजागर करना व्यापक स्वीकृति प्राप्त करने में मदद कर सकता है।

कार्य जीवन में ध्यान को शामिल करना केवल तनाव को कम करने या व्यक्तिगत उत्पादकता बढ़ाने के बारे में नहीं है; यह एक स्वस्थ, अधिक माइंडफुल कार्यस्थल बनाने के बारे में भी है, जहां कर्मचारी फल-फूल सकें। सरल ध्यान तकनीकों को अपनाने और एक सहायक वातावरण को बढ़ावा देकर, कंपनियां और व्यक्ति समान रूप से प्रदर्शन, संतोष और समग्र कार्यस्थल कल्याण में महत्वपूर्ण सुधार का अनुभव कर सकते हैं। ये प्रथाएं न केवल व्यक्तिगत कर्मचारियों को लाभ पहुंचाती हैं बल्कि अधिक सकारात्मक, उत्पादक और सामंजस्यपूर्ण संगठनात्मक संस्कृति में भी योगदान करती हैं।

"ध्यान हमें मेटाकॉग्निशन की कला सिखाता है—सोचने के बारे में सोचना। यह आत्म-जागरूकता बौद्धिक स्वतंत्रता और भावनात्मक बुद्धिमत्ता की ओर पहला कदम है। अपने विचारों का अवलोकन करके, हम चुनते हैं कि किन विचारों के साथ जुड़ना है।"

15

ध्यान रिट्रीट और समुदाय

ध्यान को अक्सर एक एकाकी गतिविधि के रूप में देखा जाता है, जिसे व्यक्ति अकेले, एक शांत स्थान पर, दैनिक जीवन की भागदौड़ से दूर करते हैं। हालांकि, ध्यान एक सामुदायिक अभ्यास भी हो सकता है, जो साझा अनुभवों और पारस्परिक समर्थन के माध्यम से समृद्ध और गहन बनता है। ध्यान रिट्रीट और सामुदायिक समूह ऐसे अनूठे वातावरण प्रदान करते हैं, जहां व्यक्ति ध्यान को गहराई से खोज सकते हैं, दूसरों से सीख सकते हैं, और अपनी प्रथा को बेहतर बनाने के लिए एक समर्थन नेटवर्क बना सकते हैं।

ध्यान रिट्रीट की शक्ति

ध्यान रिट्रीट गहन ध्यान सत्र होते हैं, जो एक सप्ताहांत से लेकर कई सप्ताह तक चल सकते हैं। ये रिट्रीट नियमित जीवन की दैनिक व्याकुलताओं और जिम्मेदारियों से दूर, अपने अभ्यास को गहराई देने का एक संरचित अवसर प्रदान करते हैं। रिट्रीट में भाग लेने का मुख्य लाभ यह है कि व्यक्ति पूरी तरह से ध्यान में डूब सकते हैं, अक्सर अनुभवी प्रशिक्षकों के मार्गदर्शन में। यह संपूर्णता व्यक्तिगत अभ्यास में गहरे अनुभवों और प्रगति की ओर ले जा सकती है, जो सामान्य, अधिक बिखरे हुए दैनिक सत्रों में संभव नहीं हो सकती।

सहायक वातावरण में अभ्यास को गहन बनाना

रिट्रीट एक सहायक वातावरण प्रदान करते हैं, जहां दिन के प्रत्येक पहलू को माइंडफुलनेस और एकाग्रता को मजबूत करने के लिए डिज़ाइन किया जाता है। दैनिक कार्यक्रम में आमतौर पर कई ध्यान सत्र, ध्यान के सिद्धांतों पर शिक्षाएँ, समूह चर्चा, और कभी-कभी मौन के ऐसे समय शामिल होते हैं, जो आत्म-जागरूकता और माइंडफुलनेस को गहरा करते हैं। ऐसे परिवेश में रहना, जहां अन्य लोग भी समान रूप से संलग्न होते हैं, प्रतिभागियों को प्रेरित रहने और सामूहिक अनुभव से अंतर्दृष्टि प्राप्त करने में मदद करता है।

सामुदायिक जुड़ाव और सीखने का स्रोत

ध्यान रिट्रीट का एक और महत्वपूर्ण पहलू वह समुदाय है जो वे विकसित करते हैं। समान लक्ष्यों पर केंद्रित समान विचारधारा वाले व्यक्तियों से घिरे रहना एक मजबूत जुड़ाव और साझा उद्देश्य की भावना पैदा कर सकता है। कई लोगों के लिए, ये संबंध मित्रता और समर्थन का स्रोत बन जाते हैं, जो रिट्रीट के बाद भी नियमित अभ्यास के लिए प्रेरणा बनाए रखने में मदद करते हैं।

ध्यान समूहों से जुड़ने के लाभ

रिट्रीट के अलावा, स्थानीय ध्यान समूहों या समुदायों में नियमित भागीदारी भी किसी के अभ्यास को बेहतर बना सकती है। ध्यान समूह आमतौर पर नियमित रूप से मिलते हैं, सामूहिक ध्यान के लिए एक संरचित समय और स्थान प्रदान करते हैं, जो किसी के अभ्यास में स्थिरता बनाए रखने में मदद कर सकता है।

स्थिरता और उत्तरदायित्व

समूह के साथ नियमित रूप से मिलना उत्तरदायित्व की भावना पैदा कर सकता है, जो सदस्यों को अपने ध्यान अभ्यास से जुड़े रहने के लिए प्रोत्साहित करता है, खासकर उन दिनों में जब प्रेरणा कम हो। नियमित सत्र एक दिनचर्या स्थापित करने की अनुमति भी देते हैं, जो ध्यान अभ्यास को गहन बनाने का एक महत्वपूर्ण पहलू है।

साझा अनुभव और भावनात्मक समर्थन

समूह सेटिंग्स ध्यान से संबंधित अनुभवों, चुनौतियों और सफलताओं को साझा करने का अवसर प्रदान करती हैं। यह साझाकरण विशेष रूप से उनके लिए बहुत मान्यकारी हो सकता है, जो ध्यान में नए हैं या जो अभ्यास के कुछ पहलुओं को चुनौतीपूर्ण पाते हैं। यह जानना कि अन्य लोग भी समान बाधाओं या प्रगति का सामना कर रहे हैं, व्यक्तिगत चुनौतियों को दूर करने के लिए आराम और अंतर्दृष्टि प्रदान कर सकता है।

मार्गदर्शन और विविध दृष्टिकोणों तक पहुँच

ध्यान समूहों में अक्सर अनुभवी अभ्यासी या शिक्षक होते हैं, जो मार्गदर्शन और प्रश्नों का उत्तर दे सकते हैं। इस अनुभवी अंतर्दृष्टि तक पहुँच सीखने को तेज कर सकती है और अभ्यास के बारे में भ्रम को स्पष्ट करने में मदद कर सकती है। इसके अलावा, एक विविध समूह का हिस्सा होना विभिन्न दृष्टिकोणों और ध्यान के दृष्टिकोणों को सुनने की अनुमति देता है, जिससे समझ को समृद्ध किया जा सकता है और नए तकनीकों को अपनाया जा सकता है।

व्यक्तिगत अभ्यास में समुदाय को शामिल करना

व्यक्तिगत ध्यान अभ्यास में समुदाय के लाभों को प्रभावी ढंग से शामिल करने के लिए, निम्नलिखित कदम अपनाएँ:

नियमित उपस्थिति: समूह सत्रों या रिट्रीट में नियमित रूप से भाग लेने के लिए प्रतिबद्ध रहें। यह प्रतिबद्धता आपको एक दिनचर्या बनाने और निरंतर सीखने के माध्यम से अपने अभ्यास को गहरा करने में मदद करेगी।

सक्रिय सहभागिता: चर्चाओं और गतिविधियों में सक्रिय रूप से भाग लें। सहभागिता न केवल आपके सीखने को बढ़ाती है बल्कि समुदाय में योगदान देती है, जिससे यह दूसरों के लिए एक समृद्ध संसाधन बनता है।

संबंधों में माइंडफुलनेस: सामुदायिक सदस्यों के साथ संबंधों के दौरान माइंडफुलनेस का अभ्यास करें। यह अभ्यास ध्यान के लाभों को आपकी

सामाजिक कौशल में विस्तारित कर सकता है, जिससे आप दूसरों के साथ बेहतर संवाद और सहानुभूति कर सकते हैं।

स्वयंसेवा करें: यदि संभव हो, तो इन समुदायों के भीतर स्वयंसेवा करें। बैठकों या आयोजनों को संगठित करने में मदद करना समूह के साथ आपके संबंध को गहरा कर सकता है और आपके उद्देश्य और जुड़ाव की भावना को बढ़ा सकता है।

ध्यान रिट्रीट और समुदाय किसी के अभ्यास को गहरा करने और उन लोगों के साथ जुड़ने के लिए मूल्यवान अवसर प्रदान करते हैं, जो माइंडफुलनेस के प्रति प्रतिबद्धता साझा करते हैं। चाहे गहन रिट्रीट के माध्यम से हो या नियमित स्थानीय समूह बैठकों के माध्यम से, ये सामुदायिक प्रथाएँ ध्यान के लाभों को काफी हद तक बढ़ा सकती हैं, समर्थन, उत्तरदायित्व, और अभ्यास और दूसरों के साथ गहरे संबंध प्रदान करती हैं। ध्यान के सामुदायिक पहलुओं को अपनाकर, अभ्यासी अपने अनुभव को समृद्ध कर सकते हैं और अपने अभ्यास को समय के साथ बनाए रख सकते हैं, व्यक्तिगत विकास और सामुदायिक कल्याण दोनों को बढ़ावा दे सकते हैं।

"जीवन के नृत्य में, माइंडफुलनेस हमारी लय की रखवाली है। यह हमें कार्यों के बीच सहजता से चलने की अनुमति देती है, यह सुनिश्चित करती है कि हमारे कदम जानबूझकर हों और हमारी उपस्थिति पूर्ण हो। यह लय जल्दी नहीं है, बल्कि हमारे श्वास के साथ सामंजस्यपूर्ण रूप से संरेखित है।"

16

मेडिटेशन में तकनीक का उपयोग

आज के डिजिटल युग में, तकनीक को अक्सर ध्यान भंग करने के लिए दोषी ठहराया जाता है, लेकिन जब इसे सावधानीपूर्वक उपयोग किया जाता है, तो यह व्यक्तिगत विकास और ध्यान जैसी वेलनेस प्रथाओं को बढ़ाने में एक शक्तिशाली सहयोगी हो सकती है। विभिन्न तकनीकी उपकरण, जैसे ऐप्स और ऑनलाइन संसाधन, ध्यान अभ्यास का समर्थन और उसे गहराई प्रदान करने के लिए विकसित किए गए हैं। ये उपकरण ध्यान को अधिक सुलभ बनाते हैं, संरचित मार्गदर्शन प्रदान करते हैं, और इसे विभिन्न जीवन स्थितियों में शामिल करने में मदद करते हैं।

ध्यान ऐप्स की भूमिका

ध्यान ऐप्स, व्यक्तिगत ध्यान अभ्यास का समर्थन करने में सबसे महत्वपूर्ण तकनीकी प्रगति में से एक हैं। ये ऐप्स सभी के लिए ध्यान को सुलभ बनाने के लिए डिज़ाइन किए गए हैं, चाहे उनकी अनुभव स्तर या जीवनशैली कैसी भी हो। वे विभिन्न ज़रूरतों और प्राथमिकताओं के अनुसार निर्देशित ध्यान, शैक्षिक वीडियो और अनुकूलन सत्र प्रदान करते हैं। ध्यान ऐप्स के कुछ प्रमुख लाभ और विशेषताएँ निम्नलिखित हैं:

निर्देशित ध्यान:

कई उपयोगकर्ताओं को शुरुआत में एक मार्गदर्शक के साथ ध्यान करना आसान लगता है। ध्यान ऐप्स आमतौर पर विभिन्न परंपराओं से निर्देशित सत्र प्रदान करते हैं, जो अनुभवी प्रशिक्षकों द्वारा संचालित होते हैं। ये गाइड उपयोगकर्ताओं को प्रक्रिया के माध्यम से मदद करते हैं, जैसे कि कैसे बैठना है, क्या सोचना है या क्या नहीं सोचना है।

प्रगति को ट्रैक करना:

ऐप्स में अक्सर प्रगति को ट्रैक करने की सुविधाएँ होती हैं, जैसे कि आपने कितने दिन लगातार ध्यान किया है, ध्यान में बिताया गया कुल समय, और अन्य माइंडफुलनेस गतिविधियाँ। ये डेटा उपयोगकर्ताओं को अपने ध्यान रूटीन से जुड़े रहने के लिए प्रेरित कर सकते हैं और अपनी उपलब्धियों को देखने का आनंद प्रदान कर सकते हैं।

सुलभता और सुविधा:

स्मार्टफोन के साथ, उपयोगकर्ता कभी भी और कहीं भी ध्यान कर सकते हैं। चाहे वह काम के समय दोपहर के भोजन के दौरान हो, सुबह की यात्रा पर हो, या सोने से पहले, ध्यान ऐप्स अभ्यास में भाग लेना आसान बनाते हैं।

विभिन्न तकनीकों का विकल्प:

ऐप्स विभिन्न ध्यान तकनीकें प्रदान करते हैं, जैसे कि माइंडफुलनेस, प्रोग्रेसिव रिलैक्सेशन, लविंग-काइंडनेस, और बॉडी स्कैन। ये उपयोगकर्ताओं को विभिन्न प्रकार के ध्यान का अनुभव करने और उनके लिए सबसे उपयुक्त तरीका खोजने का अवसर देते हैं।

सामुदायिक विशेषताएँ:

कुछ ऐप्स में सामुदायिक विशेषताएँ भी शामिल होती हैं, जहाँ उपयोगकर्ता चैलेंज में भाग ले सकते हैं, अपने दोस्तों के साथ प्रगति साझा कर सकते हैं, या समूह ध्यान में भाग ले सकते हैं। इससे अभ्यास में सामाजिक तत्व जुड़ता है।

लोकप्रिय ध्यान ऐप्स

कई ध्यान ऐप्स अपनी गुणवत्ता, उपयोगकर्ता-मित्रता और गहन संसाधनों के लिए लोकप्रिय हुए हैं। हेडस्पेस और कैल्म जैसे ऐप्स अपनी व्यापक ध्यान लाइब्रेरी के लिए प्रसिद्ध हैं, जो तनाव कम करने से लेकर नींद सुधारने तक विभिन्न लक्ष्यों को पूरा करते हैं। इनसाइट टाइमर हजारों मुफ्त ध्यान प्रदान करता है और अपने बड़े, वैश्विक उपयोगकर्ता और शिक्षकों के समुदाय के लिए जाना जाता है। प्रत्येक ऐप की अपनी विशिष्ट विशेषताएँ होती हैं, इसलिए उपयोगकर्ता कुछ अलग-अलग ऐप्स को आज़मा सकते हैं और देख सकते हैं कि उनकी ज़रूरतों और प्राथमिकताओं के साथ कौन सा सबसे अच्छा मेल खाता है।

ऑनलाइन ध्यान संसाधन

ऐप्स के अलावा, इंटरनेट ध्यान अभ्यास का समर्थन करने वाले संसाधनों से भरा हुआ है। कई वेबसाइटें ध्यान सलाह, लेख, ट्यूटोरियल, और निर्देशित सत्र मुफ्त में प्रदान करती हैं। उदाहरण के लिए, यूट्यूब में अनुभवी प्रैक्टिशनरों द्वारा संचालित सत्रों के साथ कई ध्यान चैनल हैं। ये संसाधन उन लोगों के लिए अमूल्य हैं, जो विभिन्न ध्यान तकनीकों की गहरी समझ प्राप्त करना चाहते हैं या अपने अभ्यास के लिए प्रेरणा खोज रहे हैं।

ऑनलाइन कोर्स:
कुरसेरा और यूडेमी जैसी वेबसाइट्स ध्यान और माइंडफुलनेस पर कोर्स प्रदान करती हैं। इन कोर्स में अक्सर वीडियो व्याख्यान, रीडिंग और व्यायाम शामिल होते हैं, जो एक संरचित और व्यापक शिक्षण अनुभव प्रदान करते हैं।

पॉडकास्ट:
कई पॉडकास्ट ध्यान और माइंडफुलनेस को समर्पित हैं, जो पाठ, निर्देशित प्रथाओं, और ध्यान के लाभों पर चर्चा करते हैं। पॉडकास्ट उन लोगों के लिए उत्कृष्ट विकल्प हैं, जो श्रव्य शिक्षा पसंद करते हैं या अपने दैनिक चलने या यात्रा में ध्यान को शामिल करना चाहते हैं।

वर्चुअल रिट्रीट:
कुछ प्लेटफ़ॉर्म वर्चुअल रिट्रीट अनुभव प्रदान करते हैं, जो उन लोगों के लिए एक उत्कृष्ट विकल्प हो सकते हैं, जो समय या बजट की बाधाओं के कारण व्यक्तिगत रूप से रिट्रीट में भाग नहीं ले सकते।

सावधानीपूर्वक तकनीक का एकीकरण

जबकि तकनीक ध्यान अभ्यास को बहुत हद तक बढ़ा सकती है, इसे सावधानीपूर्वक उपयोग करना महत्वपूर्ण है। डिजिटल उपकरणों पर निर्भरता कभी-कभी ध्यान भटकाव या वर्तमान क्षण से अलगाव का कारण बन सकती है। यह लाभकारी हो सकता है कि इन उपकरणों का उपयोग सहायता के लिए किया जाए, न कि अपने ध्यान अभ्यास पर हावी होने के लिए। जैसे कि ध्यान के दौरान गैर-आवश्यक सूचनाओं को बंद करना, इस संतुलन को बनाए रखने में मदद कर सकता है।

जब इसे उद्देश्यपूर्ण और सावधानीपूर्वक उपयोग किया जाता है, तो तकनीक ध्यान अभ्यास को विकसित और बनाए रखने में एक मूल्यवान सहयोगी हो सकती है। ध्यान ऐप्स और ऑनलाइन संसाधन ध्यान को अधिक सुलभ और लचीला बनाते हैं, विभिन्न उपकरणों की पेशकश करते हैं, जिन्हें व्यक्तिगत ज़रूरतों के अनुसार अनुकूलित किया जा सकता है। इन तकनीकी उपकरणों को बुद्धिमानी से एकीकृत करके, व्यक्ति अपने अभ्यास को बढ़ा सकते हैं और अपने दैनिक जीवन में ध्यान के गहरे लाभों का अनुभव अधिक नियमित रूप से कर सकते हैं।

"हर सावधान साँस हमें वर्तमान में लंगर डालती है, हमें अतीत के उलझनों और भविष्य की चिंताओं से अलग करती है। इस लंगर में, हम पूर्ण रूप से जीने, गहराई से प्रेम करने और वर्तमान को अपनाने की स्वतंत्रता पाते हैं।"

৽

17

योग और ध्यान: समग्र स्वास्थ्य की राहें

हर सावधान सांस हमें वर्तमान में लंगर डालती है, हमें अतीत की उलझनों और भविष्य की चिंताओं से अलग करती है। इस लंगर में, हमें पूर्ण रूप से जीने, गहराई से प्रेम करने और वर्तमान को अपनाने की स्वतंत्रता मिलती है।

योग और ध्यान प्राचीन प्रथाएँ हैं जो हजारों वर्षों से गहराई से जुड़ी हुई हैं, और इनका गहरा आध्यात्मिक इतिहास है। ये दोनों शारीरिक स्वास्थ्य को सुधारने और मानसिक स्पष्टता बढ़ाने के लिए शक्तिशाली तरीके हैं, लेकिन साथ में ये समग्र स्वास्थ्य के लिए एक व्यापक दृष्टिकोण प्रदान करते हैं।

योग और ध्यान को समझना

योग, ध्यान की तरह, प्राचीन भारत में उत्पन्न हुआ। इसमें शारीरिक आसन (आसन), श्वास नियंत्रण (प्राणायाम), और ध्यान प्रथाएँ शामिल हैं, जो शरीर, मन और आत्मा को एकीकृत करने के लिए डिज़ाइन की गई हैं। जबकि पश्चिमी दुनिया में कई लोग योग को केवल उसके शारीरिक पहलुओं के साथ जोड़ते हैं, पारंपरिक योग का अंतिम लक्ष्य इससे कहीं अधिक गहरा है। इसका उद्देश्य लंबे समय तक ध्यान के लिए शरीर को तैयार करना और आध्यात्मिक ज्ञान की अवस्था प्राप्त करना है।

दूसरी ओर, ध्यान मानसिक ध्यान केंद्रित करने और विभिन्न तकनीकों जैसे

माइंडफुलनेस, ध्यान केंद्रित करने और कल्पना के माध्यम से मानसिक स्पष्टता और भावनात्मक शांति प्राप्त करने का अभ्यास है। हालांकि ध्यान को शारीरिक गतिविधि के बिना भी किया जा सकता है, इसे योग के साथ जोड़ने से एक समग्र दृष्टिकोण मिलता है, जो शारीरिक और मानसिक कल्याण को बढ़ाता है।

योग और ध्यान की पूरक प्रकृति

योग और ध्यान कई तरीकों से एक-दूसरे को पूरक बनाते हैं। योग का अभ्यास शरीर को ध्यान के लिए तैयार कर सकता है, तनाव को दूर कर सकता है, लचीलापन बढ़ा सकता है, और ऊर्जा स्तर को स्थिर कर सकता है। योग के शारीरिक अभ्यास सहनशक्ति और ताकत को बढ़ावा देते हैं, जिससे व्यक्ति लंबे समय तक अधिक आराम और सहजता के साथ ध्यान कर सकते हैं। इसके अलावा, योग के श्वास व्यायाम सीधे मन को प्रभावित कर सकते हैं, बेचैन विचारों को शांत कर सकते हैं और मानसिक शांति की प्राकृतिक अवस्था को बढ़ावा दे सकते हैं।

इसके विपरीत, ध्यान योग के आध्यात्मिक लाभों को गहराई देता है, आत्म-जागरूकता और माइंडफुलनेस को बढ़ावा देता है। ध्यान के माध्यम से, व्यक्ति अपने विचारों और भावनाओं में गहरी अंतर्दृष्टि विकसित कर सकते हैं, जो गहरी आंतरिक शांति और भावनात्मक स्थिरता की ओर ले जाती है। यह मानसिक अनुशासन योग के लाभों को बढ़ाता है, जिससे योगाभ्यास के दौरान शरीर, श्वास और संरेखण के प्रति जागरूकता बढ़ती है और शारीरिक अभ्यास की समग्र प्रभावशीलता और सुरक्षा में सुधार होता है।

योग और ध्यान का व्यावहारिक एकीकरण

योग और ध्यान को दैनिक जीवन में एकीकृत करना अत्यधिक समय या उनके दर्शन की गहन समझ की आवश्यकता नहीं है। यहां कुछ व्यावहारिक तरीके दिए गए हैं, जिनसे इन दोनों प्रथाओं को समग्र स्वास्थ्य के लिए दैनिक दिनचर्या में शामिल किया जा सकता है:

सौम्य योग से शुरू करें: सांस और संरेखण पर ध्यान केंद्रित करने वाले सरल योग

स्ट्रेच से शुरू करें। सुबह का समय योग के लिए आदर्श है क्योंकि यह शरीर को ऊर्जा प्रदान करता है और दिन के लिए एक माइंडफुल टोन सेट करता है। सूर्य नमस्कार जैसे योग अभ्यास विशेष रूप से ऊर्जावान हो सकते हैं और ध्यान अभ्यास में आसानी से परिवर्तित हो सकते हैं।

श्वास व्यायाम को शामिल करें: प्राणायाम या योगिक श्वास, योग के शारीरिक अभ्यास और बैठने के ध्यान के बीच एक पुल है। वैकल्पिक नासिका श्वास या पेट से श्वास लेने जैसी तकनीकें शरीर में ऊर्जा प्रवाह को नियंत्रित करने, मन को शांत करने और ध्यान के लिए तैयार करने में मदद कर सकती हैं।

ध्यान में संक्रमण करें: योग सत्र के बाद, मन आमतौर पर अधिक शांत और शरीर अधिक आरामदायक होता है। यह अवस्था ध्यान के लिए अनुकूल है। योग के बाद, एक आरामदायक स्थिति में बैठने की कोशिश करें और कुछ मिनटों से शुरू करते हुए धीरे-धीरे समय बढ़ाते हुए ध्यान करें।

दैनिक माइंडफुलनेस: दिन भर में, माइंडफुलनेस का रवैया बनाए रखें, जो ध्यान का एक रूप है। इसमें भोजन करते समय, काम करते समय, या यहां तक कि बातचीत के दौरान पूरी तरह से उपस्थित रहना शामिल हो सकता है। ऐसी माइंडफुलनेस प्रथाएँ योग और ध्यान से प्राप्त शांति और फोकस की भावना को बढ़ा सकती हैं।

नियमित अभ्यास: योग और ध्यान में नियमितता महत्वपूर्ण है। एक ऐसी दिनचर्या स्थापित करने का प्रयास करें, जिसमें दोनों प्रथाएँ शामिल हों, और उन्हें अपने दैनिक कार्यक्रम का एक नियमित हिस्सा बनाएं। समय के साथ, यह नियमित अभ्यास आपके शारीरिक लचीलेपन और मानसिक स्पष्टता को बढ़ाएगा, जिससे समग्र भलाई की भावना बढ़ेगी।

समग्र लाभ

योग और ध्यान का संयुक्त अभ्यास व्यापक लाभ प्रदान करता है। शारीरिक रूप से, यह बेहतर मुद्रा, लचीलापन और ताकत को बढ़ावा देता है। मानसिक रूप से, यह एकाग्रता बढ़ाता है, तनाव को शांत करता है और मूड को सुधार सकता है।

भावनात्मक रूप से, ये प्रथाएँ आत्म-स्वीकृति और शांति की गहरी भावना को प्रोत्साहित करती हैं। साथ में, वे स्वास्थ्य को समग्र रूप से प्रबंधित करने के लिए एक व्यापक उपकरण प्रदान करते हैं, शरीर में सामंजस्य, मन में शांति और हृदय में आनंद को बढ़ावा देते हैं।

योग और ध्यान केवल शारीरिक और मानसिक स्वास्थ्य के लिए प्रथाएँ नहीं हैं; वे परिवर्तनकारी उपकरण हैं, जो जीवन के हर पहलू को समृद्ध कर सकते हैं। इन प्रथाओं को एकीकृत करके, व्यक्ति शरीर और मन के बीच एक बेहतर संतुलन और सामंजस्य प्राप्त कर सकते हैं, जिससे एक स्वस्थ, अधिक माइंडफुल और आध्यात्मिक रूप से जुड़े जीवन का मार्ग प्रशस्त होता है। चाहे आप शारीरिक स्वास्थ्य, मानसिक स्पष्टता, या भावनात्मक स्थिरता की तलाश कर रहे हों, योग और ध्यान के बीच की सामंजस्यपूर्णता समग्र स्वास्थ्य के लिए एक सिद्ध पथ प्रदान करती है।

"ध्यान वह सूक्ष्म शक्ति है जो भीतर के अराजकता को शांत करती है। यह शोर से लड़ता नहीं, बल्कि इसे शांति में बदल देता है, हमारे भय और इच्छाओं की ककर्शता को शांति और स्पष्टता की एक सिम्फनी में परिवर्तित करता है।"

18
सचेत गतिशीलता अभ्यास

हालांकि ध्यान को अक्सर स्थिरता और बैठने की मुद्रा से जोड़ा जाता है, इसमें गति को शामिल करने से यह अभ्यास अधिक सुलभ और आनंददायक हो सकता है। सचेत गतिशीलता अभ्यास, जैसे कि वॉकिंग मेडिटेशन, ताई ची, और सौम्य योग, गति के शारीरिक लाभों को ध्यान के मानसिक और भावनात्मक लाभों के साथ जोड़ते हैं।

सचेत गतिशीलता को समझना

सचेत गतिशीलता में शारीरिक गतिविधि को उद्देश्यपूर्ण जागरूकता के साथ करना शामिल है, जिसमें शरीर और श्वास की संवेदनाओं पर ध्यान केंद्रित करना और ध्यान की मानसिक स्थिति को विकसित करना शामिल है। यह अभ्यास उन लोगों के लिए विशेष रूप से लाभकारी है, जिन्हें पारंपरिक ध्यान सत्रों के लिए स्थिर बैठना कठिन लगता है या जो अधिक सक्रिय जीवनशैली में माइंडफुलनेस को शामिल करना चाहते हैं।

सचेत गतिशीलता अभ्यास के प्रकार

वॉकिंग मेडिटेशन: साधारण चलने के विपरीत, वॉकिंग मेडिटेशन में हर कदम और शरीर की संवेदनाओं को जानबूझकर नोटिस करना शामिल है। इसे किसी भी स्थान पर किया जा सकता है—चाहे वह शांत जंगल हो, पार्क हो, या व्यस्त शहर

की सड़कों पर। मुख्य बात यह है कि धीरे-धीरे और सचेत जागरूकता के साथ चलें, गति को अपनी सांस के साथ समन्वयित करें, और प्रत्येक पैर के उठने और गिरने, हाथों की हलचल और पैरों के नीचे जमीन के अनुभव पर ध्यान दें।

ताई ची: अक्सर "गतिशील ध्यान" कहा जाने वाला ताई ची पारंपरिक चीनी मार्शल आर्ट है, जिसमें धीमी, सुंदर गति और गहरी, धीमी श्वास पर जोर दिया जाता है। प्रत्येक मुद्रा बिना रुके अगली मुद्रा में बहती है, जिससे शरीर निरंतर गति में रहता है। ताई ची तनाव को कम करने, संतुलन और लचीलापन सुधारने, और समग्र ऊर्जा और मानसिक फोकस बढ़ाने में मदद करता है।

सौम्य योग: हठ योग या यिन योग जैसी सौम्य योग शैलियाँ धीमी गति, गहरी स्ट्रेचिंग, और सचेत श्वास पर केंद्रित होती हैं। ये प्रथाएँ शरीर और श्वास पर ध्यान केंद्रित करके एक ध्यानपूर्ण स्थिति को बढ़ावा देती हैं, जिससे शारीरिक मुद्राओं का एक आरामदायक गति से अन्वेषण होता है।

सचेत गतिशीलता के लाभ

ध्यान में गति को शामिल करने के कई लाभ हैं:

शारीरिक स्वास्थ्य में सुधार: सचेत गतिशीलता अभ्यास लचीलापन, संतुलन और ताकत में सुधार करते हैं। वे हृदय स्वास्थ्य को बढ़ावा देते हैं, मांसपेशियों को आराम देते हैं, और स्थिर जीवनशैली से जुड़े शारीरिक दर्द को कम करने में मदद कर सकते हैं।

मानसिक तनाव कम करता है: पारंपरिक ध्यान की तरह, सचेत गतिशीलता मन को शांत करने और तनाव को कम करने में मदद करता है। इसमें शामिल शारीरिक गतिविधि एंडोर्फिन के स्राव को भी उत्तेजित करती है, जो शरीर के प्राकृतिक मूड एलेवेटर्स हैं, जिससे भलाई की भावना पैदा होती है और दर्द की धारणा कम होती है।

फोकस और माइंडफुलनेस में सुधार करता है: ये अभ्यास मानसिक फोकस को तेज करने और शरीर की जागरूकता को बढ़ाने में मदद करते हैं। गति और श्वास पर ध्यान केंद्रित करके, अभ्यासकर्ता अपने ध्यान को वर्तमान क्षण में केंद्रित कर

सकते हैं, जो माइंडफुलनेस का एक मौलिक पहलू है।

सभी उम्र और क्षमताओं के लिए सुलभ: सचेत गतिशीलता अभ्यास आम तौर पर कम प्रभाव वाले होते हैं और सभी उम्र और फिटनेस स्तर के लोगों के लिए अनुकूलित किए जा सकते हैं। वे विशेष रूप से उन लोगों के लिए लाभकारी हैं, जिन्हें गतिशीलता संबंधी समस्याएँ हैं या जो बैठने वाले ध्यान को असुविधाजनक पाते हैं।

दैनिक जीवन में सचेत गतिशीलता को शामिल करना

अपने ध्यान अभ्यास में सचेत गतिशीलता को शामिल करने के लिए, निम्नलिखित सुझावों पर विचार करें:

नियमित समय निर्धारित करें: बैठने वाले ध्यान की तरह, नियमितता महत्वपूर्ण है। हर दिन के लिए अपने अभ्यास के लिए नियमित समय निर्धारित करें, और इन पलों का उपयोग दैनिक जीवन की व्यस्तता से अलग होने के लिए करें।

छोटे से शुरू करें: सचेत गतिशीलता के छोटे अंतरालों से शुरुआत करें—सिर्फ पाँच से दस मिनट भी लाभकारी हो सकते हैं। जैसे-जैसे आप अभ्यास के साथ अधिक सहज होते जाते हैं, अवधि को धीरे-धीरे बढ़ाएँ।

एक अनुकूल वातावरण बनाएं: जबकि कुछ सचेत गतिशीलता अभ्यास कहीं भी किए जा सकते हैं, शांत, अव्यवस्था-रहित स्थान में अभ्यास करना उपयोगी हो सकता है, जहाँ आपको परेशान होने की संभावना कम हो।

मार्गदर्शन का उपयोग करें: शुरुआती लोगों के लिए, ऐप्स या कक्षाओं के माध्यम से मार्गदर्शित सत्र बहुत सहायक हो सकते हैं, ताकि सही तकनीक सुनिश्चित हो सके और ध्यान अनुभव को बढ़ाया जा सके।

अपने अभ्यास पर चिंतन करें: प्रत्येक सत्र के बाद, कुछ मिनटों तक स्थिर रहें और अपने अभ्यास और शरीर में संवेदनाओं पर चिंतन करें। यह शारीरिक और मानसिक जागरूकता के एकीकरण को गहरा कर सकता है।

सचेत गतिशीलता अभ्यास ध्यान का अनुभव करने का एक गतिशील तरीका प्रदान करते हैं। माइंडफुलनेस के साथ गति को जोड़कर, ये अभ्यास न केवल शारीरिक स्वास्थ्य को बढ़ावा देते हैं, बल्कि मानसिक स्पष्टता और भावनात्मक स्थिरता को भी बढ़ाते हैं। चाहे वह वॉकिंग मेडिटेशन हो, ताई ची हो, या सौम्य योग हो, सचेत गतिशीलता पारंपरिक ध्यान प्रथाओं का एक मूल्यवान पूरक है, जो स्वास्थ्य और भलाई के लिए एक समग्र दृष्टिकोण प्रदान करता है।

"ध्यान का अभ्यास गरिमा की घोषणा है; यह पुष्टि करता है कि हमारी आंतरिक शांति को पोषित करना योग्य है। हर सत्र हमारे भीतर की शांति और सुकून के स्थानों को पुनः प्राप्त करने की दिशा में एक कदम है, जो स्वाभाविक रूप से हमारे हैं।"

19

जीवनभर ध्यान अभ्यास बनाए रखना

ध्यान एक यात्रा है जो निरंतर विकास, अंतर्दृष्टि और समृद्धि प्रदान करती है। हालांकि, दैनिक जीवन के उतार-चढ़ाव के बीच जीवनभर ध्यान अभ्यास बनाए रखना चुनौतीपूर्ण हो सकता है। समय के साथ, प्रेरणा कम हो सकती है, बाधाएँ उत्पन्न हो सकती हैं, और व्यक्ति यह भी सवाल कर सकता है कि इसे जारी रखने का क्या मूल्य है। फिर भी, निरंतर ध्यान के लाभ गहरे और व्यापक हैं, जो मानसिक, भावनात्मक और शारीरिक स्वास्थ्य को सकारात्मक रूप से प्रभावित करते हैं।

मजबूत आधार स्थापित करना

लंबे समय तक ध्यान अभ्यास बनाए रखने का पहला कदम एक मजबूत आधार स्थापित करना है। इसमें ध्यान के मूल सिद्धांतों को समझना, एक विशेष शैली या तकनीक खोजना जो आपको प्रेरित करे, और यह पहचानना शामिल है कि आप ध्यान क्यों करते हैं। ये कारण तनाव कम करने, शांति पाने, ध्यान केंद्रित करने, या आत्म-जागरूकता को बढ़ावा देने जैसे हो सकते हैं। इन प्रेरणाओं को अपने मन में स्पष्ट रखना आपके अभ्यास को जारी रखने के लिए एक शक्तिशाली प्रोत्साहन के रूप में काम कर सकता है।

नियमितता और स्थिरता

किसी भी दीर्घकालिक ध्यान अभ्यास की आधारशिला नियमितता है। प्रत्येक दिन के लिए ध्यान के लिए एक विशिष्ट समय और स्थान निर्धारित करें। यह आदत को स्थापित करने में मदद करता है जो आपकी दैनिक दिनचर्या का अभिन्न हिस्सा बन जाता है। स्थिरता महत्वपूर्ण है—चाहे वह प्रतिदिन कुछ ही मिनटों के लिए क्यों न हो। समय के साथ, यह नियमितता आपके अभ्यास को गहराई प्रदान करेगी और इसे आपके जीवन का एक स्वाभाविक हिस्सा बना देगी, जैसे खाना या सोना।

यथार्थवादी लक्ष्य निर्धारित करना

यथार्थवादी और प्राप्त करने योग्य लक्ष्य निर्धारित करना प्रेरणा बनाए रखने में मदद कर सकता है। इनमें प्रतिदिन एक निश्चित समय तक ध्यान करना, सत्रों की अवधि को धीरे-धीरे बढ़ाना, या एक विशिष्ट ध्यान तकनीक में महारत हासिल करना शामिल हो सकता है। छोटी-छोटी उपलब्धियों का जश्न मनाएँ, और जैसे-जैसे आपका अभ्यास विकसित हो और आपकी ज़रूरतें बदलें, अपने लक्ष्यों को समायोजित करें।

विविधता शामिल करना

ध्यान के समय और स्थान में स्थिरता लाभदायक है, लेकिन विधियों या ध्यान के प्रकारों में विविधता शामिल करना अभ्यास को ताजा और दिलचस्प बनाए रख सकता है। यदि आप आमतौर पर ध्यान केंद्रित ध्यान का अभ्यास करते हैं, तो अपनी दिनचर्या में माइंडफुलनेस या प्रेमपूर्ण-कृपा ध्यान को शामिल करने का प्रयास करें। ध्यान रिट्रीट, कार्यशालाओं, या कक्षाओं में भाग लेना नए दृष्टिकोण और तकनीकें प्रदान कर सकता है, जो आपकी रुचि और प्रतिबद्धता को पुनर्जीवित कर सकता है।

सामुदायिक समर्थन

ध्यान समूह या समुदाय में शामिल होना प्रोत्साहन, समर्थन और प्रेरणा प्रदान कर सकता है। दूसरों के साथ अभ्यास करने से भाईचारे और जवाबदेही की भावना

मिलती है, जो विशेष रूप से तब सहायक हो सकती है जब आपकी व्यक्तिगत प्रेरणा कम हो। साथी ध्यानकर्ताओं के साथ अनुभव और चुनौतियाँ साझा करना अंतर्दृष्टि और समाधान प्रदान कर सकता है जो आपके अभ्यास को पुनर्जीवित कर सकते हैं।

रुकावटों और चुनौतियों से निपटना

हर दीर्घकालिक अभ्यास में ठहराव आता है, जहाँ प्रगति रुकती हुई प्रतीत होती है, या रुकावटें आती हैं, जहाँ परिस्थितियाँ नियमित अभ्यास को बाधित करती हैं। इन चुनौतियों का सामना करते समय, अपने प्रति धैर्यवान और दयालु बनें। ध्यान करने के अपने प्रेरणाओं पर दोबारा गौर करें, अपने अभ्यास को यदि आवश्यक हो तो समायोजित करें, और याद रखें कि ध्यान एक यात्रा है जिसमें उतार-चढ़ाव होते हैं। कभी-कभी, बस बुनियादी बातों पर लौटना और श्वास की सरलता पर ध्यान केंद्रित करना इन बाधाओं को दूर करने में मदद कर सकता है।

दैनिक जीवन में ध्यान को एकीकृत करना

अपने ध्यान अभ्यास को जीवित रखने के लिए, दैनिक गतिविधियों में माइंडफुलनेस को शामिल करने के अवसरों की तलाश करें। इसमें माइंडफुल भोजन, चलना, या यहाँ तक कि सुनने का अभ्यास करना शामिल हो सकता है। जितना अधिक आप ध्यान के सिद्धांतों को अपने दैनिक जीवन में शामिल करेंगे, उतना ही अधिक यह अभ्यास आपका हिस्सा बन जाएगा।

स्वयं को लगातार शिक्षित करना

ध्यान का क्षेत्र विशाल और गहराई से जटिल है। नए ध्यान अनुसंधान, तकनीकों, और दर्शन के बारे में खुद को लगातार शिक्षित करना प्रेरणा प्रदान कर सकता है। पुस्तकें, पॉडकास्ट, और पाठ्यक्रम ऐसे उत्कृष्ट संसाधन हैं जो आपके अभ्यास को बौद्धिक रूप से प्रेरक और भावनात्मक रूप से संतोषजनक बनाए रख सकते हैं।

शिक्षण के माध्यम से नवीनीकरण

यदि आप लंबे समय से ध्यान का अभ्यास कर रहे हैं, तो दूसरों को सिखाने पर

विचार करें। अपने ज्ञान और अनुभवों को साझा करना आपके अभ्यास के प्रति आपका उत्साह फिर से जगा सकता है। शिक्षण ध्यान की समझ को गहराई प्रदान करने का एक शक्तिशाली तरीका भी है, क्योंकि यह आपको अवधारणाओं और तकनीकों को स्पष्ट और सोच-समझकर व्यक्त करने की चुनौती देता है।

जीवनभर ध्यान अभ्यास बनाए रखना एक पुरस्कृत प्रयास है, जिसके लिए लचीलापन, प्रतिबद्धता और अनुकूल होने की इच्छा की आवश्यकता होती है। एक नियमितता स्थापित करके, यथार्थवादी लक्ष्य निर्धारित करके, सामुदायिक समर्थन प्राप्त करके, और अपने अभ्यास को एकीकृत और नवीनीकृत करने के नए तरीके खोजकर, आप ध्यान के गहरे लाभों का जीवनभर आनंद ले सकते हैं। जैसे-जैसे आप बढ़ते और बदलते हैं, वैसे-वैसे आपका ध्यान अभ्यास भी विकसित हो सकता है, जो ताकत, शांति, और अंतर्दृष्टि का एक निरंतर स्रोत बन सकता है।

"ध्यान वास्तविकता से बचने का माध्यम नहीं है, बल्कि इसे एक नए दृष्टिकोण के साथ अपनाने का तरीका है। यह हमें जीवन की चुनौतियों का सामना करने के लिए एक शांत मन और करुणामय हृदय के उपकरण प्रदान करता है। इन उपकरणों के साथ, हर चुनौती विकास का एक अवसर बन जाती है।"

20

चिंतन और आगे बढ़ना: ध्यान की सतत यात्रा

ध्यान जीवनभर की यात्रा है, जो निरंतर विकसित होती है और किसी के जीवन में आने वाले परिवर्तनों के अनुसार अनुकूलित होती है। यह केवल विश्राम या तनाव को कम करने का माध्यम नहीं है, बल्कि आत्म-खोज और व्यक्तिगत विकास का एक गहन मार्ग है। जैसे-जैसे साधक अपने ध्यान अभ्यास में प्रगति करते हैं, वे अक्सर पाते हैं कि उनकी आवश्यकताएँ और लक्ष्य बदलते हैं, जिससे उनके अभ्यास में बदलाव की आवश्यकता होती है।

ध्यान में चिंतन का महत्व

चिंतन अपने ध्यान अभ्यास को गहराई देने का एक महत्वपूर्ण घटक है। इसमें अपने अनुभवों पर पीछे मुड़कर देखना, अपने भीतर हुए परिवर्तनों को समझना, और समय के साथ प्रकट हुए लाभों को पहचानना शामिल है। चिंतनशील अभ्यास यह देखने में मदद कर सकता है कि ध्यान कैसे आपके तनाव पर प्रतिक्रियाओं, आपके संबंधों, और आपके समग्र कल्याण को प्रभावित करता है। ध्यान जर्नल रखना इन चिंतनों को ट्रैक करने का एक उत्कृष्ट तरीका हो सकता है, जिससे समय के साथ पैटर्न और विकास को देखा जा सके।

निरंतर विकास को अपनाना

ध्यान एक स्थिर नहीं, बल्कि एक गतिशील अभ्यास है, जो आपके साथ बढ़ता

है। ध्यान में निरंतर विकास नए तरीकों की खोज करने, अभ्यास की समझ को गहराई देने, और माइंडफुलनेस को अपने दैनिक जीवन में अधिक पूरी तरह से शामिल करने की इच्छा के बारे में है। जैसे-जैसे आप प्रगति करते हैं, आपको यह महसूस हो सकता है कि जो अभ्यास पहले प्रभावी थे, वे अब उतने उपयोगी नहीं हैं, या आपके जीवन की परिस्थितियाँ—जैसे नई नौकरी, स्थानांतरण, या पारिवारिक परिवर्तन—आपकी ध्यान आवश्यकताओं और अवसरों को बदल देती हैं।

जीवन के परिवर्तनों के अनुसार ध्यान को अनुकूलित करना

जैसे-जैसे जीवन बदलता है, वैसे-वैसे आपका ध्यान अभ्यास भी बदल सकता है। यहाँ कुछ रणनीतियाँ दी गई हैं, जो ध्यान के माध्यम से आपके विकास को जारी रखने में मदद कर सकती हैं:

अपने शेड्यूल को समायोजित करें: आपकी दैनिक दिनचर्या विभिन्न कारकों के कारण बदल सकती है, जैसे करियर में बदलाव, पारिवारिक आवश्यकताएँ, या सेवानिवृत्ति। अपने ध्यान शेड्यूल को तदनुसार समायोजित करें। यदि सुबह का ध्यान कठिन हो जाए, तो लंच ब्रेक के दौरान या सोने से पहले ध्यान करने पर विचार करें।

अपने ध्यान स्थान को संशोधित करें: आपके रहने की स्थिति में परिवर्तन के कारण आपको एक नया ध्यान स्थान बनाने की आवश्यकता हो सकती है। लचीले बनें और ऐसा स्थान बनाएं जो आपको आरामदायक और ध्यानमग्न महसूस कराए, चाहे वह कितना भी छोटा या अस्थायी क्यों न हो।

विभिन्न ध्यान रूपों का अन्वेषण करें: यदि आपको लगता है कि आपका वर्तमान ध्यान अभ्यास आपकी आवश्यकताओं के अनुकूल नहीं है, तो अन्य रूपों का अन्वेषण करें। उदाहरण के लिए, यदि आप शारीरिक बाधाओं का सामना कर रहे हैं, तो एक अधिक निष्क्रिय ध्यान रूप जैसे निर्देशित कल्पना या माइंडफुलनेस ध्यान का प्रयास करें, जिसमें सख्त मुद्रा की आवश्यकता नहीं होती।

तकनीक का उपयोग करें: यदि ध्यान कक्षा में समय निकालना चुनौतीपूर्ण हो, तो तकनीक का लाभ उठाएँ। ऑनलाइन कक्षाएँ, ऐप्स, और पॉडकास्ट ध्यान के लिए

मार्गदर्शन और समर्थन प्रदान कर सकते हैं, जब लाइव सत्र में भाग लेना संभव न हो।

मिनी-ध्यान शामिल करें: जब जीवन लंबे सत्रों के लिए बहुत व्यस्त हो, तो अपने दिन में मिनी-ध्यान शामिल करें। गहरी साँस लेने या सचेत चलने के कुछ मिनट भी फायदेमंद हो सकते हैं।

ध्यान के माध्यम से लचीलापन प्रोत्साहित करना

ध्यान लचीलापन बनाने में मदद कर सकता है, जिससे आप जीवन के तनावों का बेहतर सामना कर सकते हैं। नियमित अभ्यास मानसिक और भावनात्मक शक्ति को विकसित करता है, जो आपको चुनौतियों का सामना अधिक संतुलित दृष्टिकोण और कम चिंता के साथ करने में मदद कर सकता है। ध्यान को केवल व्यक्तिगत शांति का उपकरण न मानें, बल्कि इसे लचीलापन बढ़ाने के साधन के रूप में उपयोग करें।

एक समुदाय के साथ जुड़ाव

ध्यान समुदाय के साथ जुड़ाव समर्थन और प्रेरणा प्रदान कर सकता है, जो विशेष रूप से तब मूल्यवान होता है जब आप अपने अभ्यास में बाधाओं का सामना करते हैं या जब बड़े जीवन परिवर्तन होते हैं। सामुदायिक संबंध भावनात्मक समर्थन प्रदान कर सकते हैं, आपके सीखने को गहरा कर सकते हैं, और आपको प्रेरित रख सकते हैं।

प्रतिबद्धता को नवीनीकृत करना

समय-समय पर अपने ध्यान अभ्यास के प्रति अपनी प्रतिबद्धता को नवीनीकृत करना फायदेमंद होता है। जो आपने प्राप्त किया है और आगे जो आप प्राप्त करना चाहते हैं, उस पर चिंतन करने के लिए समय निकालें। अपनी प्रतिबद्धता को नवीनीकृत करना आपके अभ्यास को पुनः सजीव कर सकता है, नए इरादे स्थापित करने में मदद कर सकता है, और आपके वर्तमान जीवन की स्थिति के साथ आपके ध्यान अभ्यास को संरेखित कर सकता है।

जैसे-जैसे आप अपनी ध्यान यात्रा में आगे बढ़ते हैं, यह ध्यान रखें कि हर सत्र विकास और आत्म-खोज का एक अवसर है। अपनी प्रगति पर चिंतन करके, परिवर्तनों के अनुसार अनुकूलित होकर, और अपने अभ्यास की विकसित प्रकृति को अपनाकर, आप यह सुनिश्चित कर सकते हैं कि ध्यान आपके जीवन का एक मूल्यवान और समृद्ध हिस्सा बना रहे। चाहे आप नई चुनौतियों का सामना कर रहे हों या उपलब्धियों का जश्न मना रहे हों, ध्यान आपको जड़ें प्रदान कर सकता है और दृष्टिकोण प्रदान कर सकता है, जिससे आप जीवन की जटिलताओं को अधिक आसानी और अंतर्दृष्टि के साथ नेविगेट कर सकें।

"हमारे सबसे गहरे ध्यान में, हम खोजते हैं कि हम अलग-थलग प्राणी नहीं हैं, बल्कि अस्तित्व की एक महान टेपेस्ट्री में धागे हैं। यह जागरूकता ब्रह्मांड के साथ एक अद्वितीय एकता को बढ़ावा देती है, जो हमें अधिक उद्देश्य और समझ के साथ कार्य करने के लिए प्रेरित करती है।"

21

सारांश

ध्यान के विभिन्न पहलुओं की यात्रा, जैसा कि पिछले अध्यायों में खोजा गया है, इसकी गहरी बहुमुखी प्रतिभा और परिवर्तनकारी शक्ति को रेखांकित करती है। ध्यान, एक प्राचीन प्रथा जो दुनिया भर की कई संस्कृतियों में निहित है, जीवन के सभी पहलुओं में महत्वपूर्ण लाभ प्रदान करती है—व्यक्तिगत स्वास्थ्य और भावनात्मक कल्याण को बढ़ाने से लेकर रिश्तों और कार्यक्षेत्र में उत्पादकता सुधारने तक। यह सारांश ध्यान अभ्यास के प्रत्येक क्षेत्र से मुख्य अंतर्दृष्टि को पुनः प्रस्तुत करता है और इस पर चिंतन करता है कि इन प्रथाओं को दैनिक जीवन में शामिल करना कैसे एक अधिक सचेत, शांतिपूर्ण और पूर्ण जीवन की ओर ले जा सकता है।

मूलभूत और गहन अभ्यास

हमने ध्यान की मूलभूत बातों की खोज से शुरुआत की, इसकी परिभाषा को समझा और इसके समृद्ध ऐतिहासिक महत्व को सराहा। प्रारंभिक अध्यायों ने एक आधार प्रदान किया, जिसमें विभिन्न ध्यान प्रकारों और तकनीकों को प्रस्तुत किया गया, यह जोर देते हुए कि कोई भी व्यक्ति प्रतिदिन कुछ ही मिनटों के साथ ध्यान शुरू कर सकता है। जैसे-जैसे साधक अपने अनुभव में बढ़ते हैं, वे विभिन्न ध्यान रूपों का पता लगाकर, रिट्रीट में भाग लेकर, और अधिक उन्नत तकनीकों को शामिल करके अपने अभ्यास को गहरा कर सकते हैं, और व्यक्तिगत विकास और जीवन के परिवर्तनों के प्रति अपने अभ्यास को निरंतर विकसित कर सकते हैं।

दैनिक जीवन में ध्यान

ध्यान को दैनिक दिनचर्या में शामिल करना एक पुनरावर्ती विषय के रूप में उभरा। माइंडफुल खाने से लेकर माइंडफुल चलने तक, हमने चर्चा की कि ध्यान कैसे नियमित गतिविधियों को माइंडफुलनेस और आत्म-जागरूकता के अवसरों में बदल सकता है। ऐसी प्रथाएँ न केवल ध्यान के तत्काल लाभों को बढ़ाती हैं बल्कि यह भी सुनिश्चित करती हैं कि इसके सिद्धांत व्यक्ति की जीवनशैली में गहराई से समाहित हों, जिससे मानसिक फोकस, तनाव में कमी, और समग्र जीवन संतुष्टि में स्थायी सुधार हो।

विशिष्ट अनुप्रयोग

कुछ अध्यायों ने दिखाया कि कैसे ध्यान को विभिन्न आयु समूहों और व्यक्तिगत परिस्थितियों की आवश्यकताओं के अनुरूप ढाला जा सकता है, ध्यान की अनुकूलता को दर्शाते हुए। बच्चों के लिए, ध्यान बेहतर ध्यान और भावनात्मक संतुलन को बढ़ावा दे सकता है। किशोर तनाव प्रबंधन और आत्म-सम्मान में वृद्धि का आनंद ले सकते हैं, वयस्क बेहतर उत्पादकता और कम कार्यस्थल तनाव का अनुभव कर सकते हैं, और बुजुर्ग ध्यान अभ्यासों के माध्यम से शांति और बेहतर संज्ञानात्मक कार्य प्राप्त कर सकते हैं।

स्वास्थ्य और कल्याण

ध्यान के शारीरिक और मानसिक स्वास्थ्य लाभों पर महत्वपूर्ण ध्यान दिया गया। नियमित अभ्यास तनाव और चिंता के लक्षणों को कम करने, दर्द का प्रबंधन करने, हृदय स्वास्थ्य का समर्थन करने, और एक स्वस्थ प्रतिरक्षा प्रणाली को बढ़ावा देने के लिए जाना गया है। योग और ध्यान के बीच के संबंध ने दिखाया कि कैसे शारीरिक गतिविधि को ध्यान प्रथाओं के साथ जोड़ना शारीरिक लचीलापन और मानसिक शांति को बढ़ा सकता है, जो किसी भी आयु में स्वास्थ्य के लिए एक समग्र दृष्टिकोण प्रदान करता है।

सामुदायिक और तकनीकी समर्थन

ध्यान अभ्यास को बनाए रखने में समुदाय की भूमिका पर भी प्रकाश डाला गया। ध्यान समूहों में शामिल होना और समान विचारधारा वाले व्यक्तियों के साथ जुड़ना प्रेरणात्मक समर्थन प्रदान कर सकता है और साझा अनुभवों और सामूहिक ज्ञान के माध्यम से किसी के अभ्यास को गहरा कर सकता है। इसके अलावा, हमने चर्चा की कि तकनीक कैसे ध्यान मार्गदर्शन और ट्रैकिंग तक पहुंच को सुविधाजनक बना सकती है, जिससे व्यस्त कार्यक्रम के बावजूद नियमित अभ्यास शुरू करना और बनाए रखना आसान हो जाता है।

चुनौतियाँ और अनुकूलन

जीवन के विभिन्न चरणों और चुनौतियों को समायोजित करने के लिए ध्यान अभ्यासों को अनुकूलित करना महत्वपूर्ण है। व्यक्तिगत या पेशेवर जिम्मेदारियों में बदलाव जैसे जीवन परिवर्तनों को समायोजित करने के लिए ध्यान की अवधि, समय, या तकनीक को बदलना आवश्यक हो सकता है। किसी के ध्यान अभ्यास में लचीलापन अपनाना यह सुनिश्चित करता है कि ध्यान जीवन का एक सहायक और समृद्ध हिस्सा बना रहे।

इस पूरी खोज में, एक विषय स्पष्ट रहता है: ध्यान केवल विश्राम के लिए एक उपकरण नहीं है—यह आत्म-समझ और जीवन जीने के अधिक पूर्ण तरीके का मार्ग है। हर साँस और माइंडफुलनेस का हर क्षण शांति और स्पष्टता की ओर एक कदम हो सकता है। जैसे-जैसे हम आगे बढ़ते हैं, आइए ध्यान के सबक को हर क्षण में लेकर चलें, उनका उपयोग जागरूकता, करुणा, और जुड़ाव के जीवन को विकसित करने के लिए करें। चाहे आप एक नौसिखिया हों जो अपनी यात्रा शुरू कर रहे हैं या एक अनुभवी साधक अपने अभ्यास को गहरा कर रहे हैं, ध्यान जीवन के हर पहलू को बढ़ाने वाले लाभों का एक स्रोत प्रदान करता है। नियमित अभ्यास के प्रति प्रतिबद्ध होकर और दैनिक गतिविधियों में माइंडफुलनेस के सिद्धांतों को अपनाकर, हम सभी एक अधिक संतुलित, शांतिपूर्ण, और पूर्ण जीवन का आनंद ले सकते हैं।

उद्धरण और संदर्भ

यह पुस्तक व्यापक अनुसंधान और सूक्ष्म विश्लेषण का परिणाम है, जिसमें विभिन्न स्रोतों जैसे अनेक पुस्तकों, विद्वानों के अध्ययन और व्यक्तिगत अनुभवों को सम्मिलित किया गया है। इसके अतिरिक्त, मैंने इस कार्य को संकलित करने के लिए प्रासंगिक जानकारी और आंकड़े जुटाने हेतु विभिन्न वेबसाइटों की भी खोज की है। मैंने प्रस्तुत जानकारी की सटीकता सुनिश्चित करने के लिए हर संभव प्रयास किया है और सभी स्रोतों का विधिपूर्वक उल्लेख किया है ताकि उनके योगदान को सम्मानित किया जा सके।

इन प्रयासों के बावजूद, अनजाने में त्रुटियाँ होने की संभावना बनी रहती है। मैं अपने पाठकों के विचारों को अत्यधिक महत्व देता हूँ और किसी भी ऐसी त्रुटि की पहचान करने और उसे सुधारने के लिए आपके फीडबैक का स्वागत करता हूँ। मैं आपसे आग्रह करता हूँ कि किसी भी प्रकार की विसंगतियों को मेरी जानकारी में लाएँ।

आपका फीडबैक न केवल स्वागत योग्य है बल्कि अत्यावश्यक भी है, क्योंकि यह वर्तमान संस्करण में सुधार लाने और भविष्य के संस्करणों की सामग्री को और बेहतर बनाने में मदद करेगा। मैं अपनी कृतियों में उच्चतम स्तर की सटीकता और विश्वसनीयता बनाए रखने के प्रति प्रतिबद्ध हूँ और आपके समर्थन और समझ के लिए धन्यवाद देता हूँ।

इसके अतिरिक्त, मैं संविधान के अनुच्छेद 19(1)(क) के तहत गारंटीकृत अभिव्यक्ति की स्वतंत्रता के सिद्धांत का दृढ़ता से पालन करती हूँ और अपने सभी पाठकों के विविध दृष्टिकोणों और अभिव्यक्तियों का सम्मान करता हूँ।

Other Books Of The Author

1. Empowering Minds: A Journey into Women's Self-Discovery and Power
2. The Dynamics of Motivation: Catalyzing Thought into Action
3. Meditation and Mental Well Being: The Path to Inner Peace and Clarity
4. The Psychology of Child Education: Nurturing Future Generations
5. Ethical Enlightenment: A Modern Guide to Living with Integrity
6. Voices of Empowerment: Stories of Women Rising Against Odds
7. Social Psychology in Everyday Life: Understanding Human Connections
8. The Essence of Motivational Speaking: Inspiring Change in Others
9. Balancing Acts: Women, Work, and the Will to Lead
10. Guiding with Grace: Raising Children with Compassion and Awareness
11. The Power of Positive Aging: Embracing Life After Fifty
12. Building Resilient Communities: Social Work in Action
13. The Ethical Educator: Principles for Teaching and Learning
14. Innovative solutions for Social Change: The Role of Social Psychology for crafting a Better World
15. The Ethics of Empathy: A Guide to Ethical Living
16. The Science of Empowering the Self: Navigating Life's Challenges with Psychological Wisdom
17. The Mindful Conscious Leader: Meditation Techniques for Modern Management
18. Pioneering Spirit: Women's Pathways to Leadership and Empowerment
19. Feeling to Healing: The Role of Emotional Intelligence in Child Development
20. Transformative Talks and Words of Inspiration: Insights into

Motivational Oratory

21. The Hidden Path to Ethical Sustainability: Crafting a Greener Tomorrow
22. Spiritual Integrity: Navigating Life with Moral Compassion
23. Clean Living, Clean Society: The Ethics of Cleanliness
24. Patriotic Spirits: Building a Nation on Positive Attitudes
25. Innovative Integrity & Vibrant Visions: The Ethical and Entrepreneurial Spirit of Gujarat
26. Youthful Visions, Endless Possibilities: Inspiring Ethics and Motivation in Children
27. Living Your Legacy: How to Motivate Others by Living Your Values
28. Secret of Healing Conversations: Ethical Practices in Counselling and Therapy
29. Creative Kindness: Crafting a Life of Compassion and Creativity
30. The Power of Appreciation: How Gratitude Can Transform Your Relationships
31. Pathways to Purpose: Life Lessons from the Bhagavad Gita for Aspiring Young Minds
32. The Symphony of the Soul: Exploring Visual, Musical, and Performance Arts in Therapeutic Harmony
33. Vivekananda's Virtues: A Blueprint for Modern Living
34. Quotes That Inspire and Empower: Guiding Words to Lift Your Journey
35. The Boundless Classroom: Innovations in Global Education
36. Trusting the Self Within: Techniques for Confidence and Peace
37. From Peaks to Palms: A Journey Through India's Natural Splendor
38. India on their shoulders: Lives That Inspire Continents
39. Finding Your Why: Discovering Your Passions and Charting Your Course
40. The Warrior's Mantra: Deciphering the Hanuman Chalisa
41. The Role of Social Media in Shaping Self-Esteem and Interpersonal Relationships among Adolescents
42. Karma's Tapestry: Weaving a Life of Selfless Service

67. Seeds of Empathy: Fostering Compassion in Young Hearts
68. The Reading Revolution: Inspiring a Love of Books in Children
69. The Learning Brain: Unlocking the Secrets of Student Success
70. Teaching for All: Differentiated Instruction Strategies
71. The Time Alchemist: Mastering Time Management for Peak Performance
72. The Resilience Factor: Transforming Setbacks into Stepping Stones
73. The Healing Touch of Nature: An Introduction to Naturopathy
74. Echoes of the Past: Healing Through Past Life Regression
75. The Spiritual Healer's Handbook: Exploring Energy Medicine
76. Crystal Clarity: Unveiling the Power of Gemstones
77. The Dream Weaver's Guide: Decoding the Language of Dreams
78. Emotional Alchemy: Transforming Pain into Power
79. Sonic Serenity: Harnessing Sound for Stress Relief
80. The Entrepreneur's Playbook: Launching Your Business with Confidence
81. Productivity Unleashed: Time Management Strategies for Entrepreneurs
82. The Problem Solver's Toolkit: Creative Solutions for Business Challenges
83. The Future is Now: Emerging Trends in Business
84. The Curious Explorer: A Child's Guide to Scientific Discovery
85. Digital Pioneers: Empowering Kids in the Tech World
86. The Young Philosopher's Guide: Exploring Life's Big Questions
87. Finding Your Voice: Communication Skills for Confident Kids
88. Nature's Playground: A Child's Guide to Outdoor Adventure
89. Growing a Greener Tomorrow: A Guide to Tree Planting & Conservation
90. Driving with Purpose: Ethical Choices on the Road
91. The Healing Touch: Cultivating Compassion in Healthcare
92. Navigating the Digital Landscape: Ethics in the Age of Social Media
93. The Ethical Closet: A Guide to Sustainable Fashion
94. The Mindful Voyager: Sustainable Travel Practices

෴

Contact

Dr. Minakshi Bansal
Social Activist
Ahmedabad, Gujarat, Bharat
dhanyamfoundation@gmail.com

|| LOKAHA SAMASTHAHA SUKHINO BHAVANTU ||

• 135 •